Ⓢ新潮新書

西川 恵
NISHIKAWA Megumi

皇室はなぜ世界で尊敬されるのか

JN152668

814

新潮社

はじめに

日本は来訪した外国の賓客《ひんきゃく》を二段階でもてなす。一つは、政府のトップである首相による晩餐会《ばんさんかい》。もう一つが、天皇、皇后両陛下による接遇で、晩餐会（または午餐会《ごさんかい》）やお茶会、謁見など、形はさまざまある。賓客のもてなしで、政府と皇室は役割を分担する。

このようなもてなし方は共和制を採用する大統領制の国ではあり得ない。ときに大統領と首相（米国では大統領と国務長官）が別個にもてなすことはあるが、いずれも政治家であり、政治とは無関係の両陛下の接遇とは内容的にまったく異なる。

王室のある国ではこの二段構えのもてなしが可能だが、歴史の長さと伝統の蓄積の点で皇室に匹敵する王室はない。強《し》いて言うならバチカン（ローマ法王庁）が二〇〇〇年近い歴史を保持しているが、家系の連続性という点ではまた別だ。

さらに皇居に足を踏み入れた賓客の多くが、世俗的な欧州などの王室にはない独特の鎮《しず》まった雰囲気と凜《りん》とした空気に居住まいを正す。そこに日本人の精神のありようを見る人もいる。

皇室は政治にかかわらない。しかし皇室が日本にとって最大の外交資産であることは論を俟《ま》たない。来日した賓客の接遇、また外国訪問で、先の両陛下はその立ち振る舞いとおことばを通して、日本と日本人の良きイメージを外国に浸透させてきた。例えば二〇〇九年に先の両陛下は一二日間にわたってカナダを訪問した。両陛下が西海岸のバンクーバーを発って帰国の途に就いた翌日、七月一五日付の日刊紙「バンクーバー・サン」はこう訪問を総括した。

「深い思い出と人間同士の結びつきを作った両陛下のカナダの旅であった。このような善意と友情と愛情の分かち合いを基礎に、我々は将来を築いていけるのである」

日本とカナダはいま友好国だ。しかし大戦中は交戦国で、カナダの日系人は敵性外国人として収容所に入れられた。日系人が市民権と参政権を得て、カナダ国内を自由に移動できるようになるのは、戦後の一九四九年である。カナダ政府が戦争中と戦後の政策は誤りだったと認め、賠償するのは八八年である。これを押さえて記事を読むと、より深い意味合いが浮かび上がってくる。

皇室を外交資産たらしめているものは何かと問われれば、前に述べた皇室の長い歴史と伝統の蓄積、それに立脚した先の両陛下を中心とした皇族の人間力とでもいうべきものだと私は答えたい。本書では具体例でもってそのことを示した。

皇室と外国の友好親善活動を広く「皇室外交」ととらえるなら、平成の皇室外交には先の両陛下の思いが投影されて、「和解」と「慰霊」が通奏低音のように流れていたように思う。新天皇の下で皇室外交はどのような新しい相貌《そうぼう》を表すのだろう。これまでの歩みをたどりながら探っていきたいと思う。

写真提供：毎日フォト（21頁）、宮内庁（41頁）、時事通信フォト（71頁、109頁、
171頁、203頁）

皇室はなぜ世界で尊敬されるのか　目次

第一章　アラブ王室の皇室への敬意

一九五三年の皇太子訪英

皇室とアラブ王室の交流は日本ではあまり知られていない。

ヨルダンやモロッコなど親欧米の、ある程度開放的な王室の場合は、女性王族も公的行事に参加し、外国訪問も行うが、イスラム教の戒律を厳格に守っている保守的な、サウジアラビアを中心としたペルシア湾岸地域の王室の場合、女性王族は公的な場には出てこない。このため家族ぐるみの交流とはならない。しかしこの厳格なアラブの王室とも、皇室は欧州の王室とはまた違った形で交流と行き来をもっている。

二〇一七年九月、河野太郎外相はカタール、ヨルダン、クウェート、サウジアラビア、エジプトの五カ国を回り、最後の訪問国エジプトのカイロでアラブ連盟加盟国と日アラブ政治対話を行った。アラブとの政治対話は初めてのことだった。外相ポストに就任して一カ月、中東を日本外交の五つの柱の一つに位置付ける河野外相は、中東における日本の政治的役割を強化する意欲を示した。

五カ国歴訪で河野外相はサウジに立ち寄ったが、外相就任前から河野氏は同国と頻繁に接触している。一五年五月、衆院議員訪問団の一員としてサウジを訪問、翌一六年七月には国家公安委員長として訪れ、同年九月には訪日したムハンマド副皇太子（現皇太子）と会っている。外相就任直後にはムハンマド皇太子と電話で会談した。

今回も河野外相はサルマン国王とムハンマド皇太子を表敬訪問したが、同外相をよく知る皇太子は懇談で、「サウジアラビア王族の間では日本の皇室の話になると必ず出される話がある」と、明仁皇太子にまつわるあるエピソードを披露した。

一九五三年のエリザベス英女王の戴冠式のとき、会場のウェストミンスター寺院でサウジから出席していたファイサル王子（のちの国王、一九〇六～七五年）は、敗戦国で英国から冷遇されて末席に座らせられそうになった日本の皇太子を、自分の隣の席に招いて座らせた。日本の皇室はこのことに恩義を感じて、いまでもわが国にお礼を言ってくれる――こんな内容だった。

六四年前のエピソードを三二歳のムハンマド皇太子が知っているぐらいだから、確かにサウジ王族の間では広く流布しているのだろう。しかし日本ではほとんど知られていない。

厳しい反日世論

先の天皇は皇太子だった一九五三年、エリザベス英女王の戴冠式に天皇の名代で出席するため英国を訪問し、併せて米欧一四カ国を約六カ月半（三月三〇日～一〇月一二日）かけて歴訪した。

敗戦から八年、サンフランシスコ平和条約で独立を回復して一年。世界の元首、首脳が一堂に参集したエリザベス女王の戴冠式への明仁皇太子の参列は、日本の国際社会への復帰を象徴的に示すものとなった。しかし皇太子を迎える英国社会の空気、英国政府の対応は決して易しいものではなかった。戦争中、日本軍の捕虜になった元兵士らは「皇太子の訪英反対」を叫び、英大衆紙も反日論調で足並みを揃えた。

当初、皇太子の訪問が予定されていたニューキャッスルでは元兵士らの反対運動が盛り上がり、訪問が中止された。その近くにある造船所の視察も取り止めとなった。ケンブリッジ大学の訪問も慎重が期された。ケンブリッジ近郊にはシンガポールで日本軍の捕虜となり、強制労働や虐待を経験した人が多く住み、日本に対する感情がひときわ悪かったからだ。ただ大学側の細心の配慮で、皇太子は学生と会食し、学長との晩餐会も催された。

英国政府の態度も決して温かいものではなかった。朝海《あさかい》浩一郎・駐英公使はロンドンから先の訪問地ニューヨークまで皇太子を出迎え、客船で一緒に大西洋を渡って英サザンプトン港に到着した。このときのことを日記に書いている。

「奈良君が自室に訪ねて来て英国王室や政府の態度の冷淡さを嘆いて『日本へ帰りたくなった』と利用価値のなくなった小国日本の地位を概嘆するのである」（『朝海浩一郎日記抄』）

奈良君とはロンドンから情報を携えて乗船してきた駐英日本大使館の奈良靖彦書記官。皇太子の訪英準備で英国側と折衝していた日本大使館員にとって、敗戦国の悲哀と悔しさを味わう場面が多々あったのだろう。英国政府が冷たく当たっていたことが窺える。

皇太子は四月二八日にロンドン入りした。その二日後の三〇日、チャーチル英首相の歓迎午餐会がダウニング街10番の首相官邸でもたれた。皇太子のロンドン到着から日を置かずにチャーチル首相が午餐会を催した背景には、英国における反日的な雰囲気を抑える狙いがあった。反日感情が皇太子の訪問に及ぼす影響や、女王の戴冠式に影を落とすことを懸念したのである。逆に言えば、それだけ英国社会の日本に向けるまなざしは厳しかった。

空気を変えたチャーチル首相のスピーチ

この午餐会には二七人が出席した。日本側は皇太子の他、三谷隆信侍従長、松本俊一駐英大使、朝海公使ら。英国側はセルウィン・ロイド国務大臣ら閣僚、政務次官のほか、野党・労働党の幹部、財界や労働界の指導者、それに新聞社からサンデー・タイムズ紙主筆とデイリー・メール紙会長らが加わった。新聞社の幹部は英政府の強い働きかけで出席を承諾した。英国側の顔触れからは、皇太子に向けられている反日的な空気と論調を変えようとのチャーチル首相の狙いを感じる。

午餐会は和やかな雰囲気で進み、デザートが出たとき、チャーチル首相が「天皇陛下のために乾杯」と杯を挙げ、皇太子が「女王陛下のために乾杯」と応じた。ここまでは事前の打ち合わせ通りだった。終わると、チャーチル首相が再び立ち上がり、「殿下のためにひと言申し述べたい」と口を開いた。これは事前の打ち合わせにはなかった。

首相は「皇太子はまだ若くて幸運であります。過去を振り返らざるを得ない者には、成功だけでなく、失敗や不運の記憶もあります。皇太子のような若者は未来の興味や功績を夢見ることができるのであります」と述べ、皇太子の前途を祝福した。その上で、次のような内容を述べた。

一、我々英国人は意見が違うとはげしく争うが、国の利益となれば一致する。そして殿下を歓迎する。
一、殿下の英国滞在が楽しく、かつ得るところ多きことを切望する。英国人の暮らしぶり（way of life）を学んでほしい。
一、英国と日本は君主を有している点で共通している。
一、このテーブルに飾られている一対の青銅の馬の置物は私の母が一八九四年、日本から持ち帰ったもので自分も気に入っている。各国がこのような美術品を制作し、軍備に金を使わないですむようになりたいものだ。

首相のスピーチは一〇分続いた。朝海公使はかたわらで皇太子に簡単に通訳したが、こう感想を記している。

「僅かこれだけのスピーチで殿下に対する敵意を表示した新聞が政府の真意を示して居らぬことを明らかにし青年に対する一応の訓示をも垂れ列席の日本側から今までの英国の空気に多少不快を感じて居たのを一挙に一掃したあたり　その手際はこの人でなければやれぬことである。（中略）別室で次官補のスコットは朝海に対し、あの演説を殿下がお判りになったかどうかは実は要点でなくあの席にはあの演説を聞かせたい人が、二、三居たのだと内話した」（同日記）

チャーチル首相は退出する皇太子を車まで見送った。二階の階段を下りながら、皇太子に「英国の人々は殿下の滞英がハッピーであることを希望しており、それと異なるようなことが耳に入っても気にしないでください」と述べている。

サウジアラビア王子の心遣い

この午餐会のあと、英紙の論調は日本に融和的となり、「戴冠式に出席する日本の皇太子」が報道の中心となっていった。しかし隅々まで首相の威令が行きわたったわけではなかった。

五月五日、皇太子はエリザベス女王とエジンバラ公夫妻に謁見し、昭和天皇の言葉を伝えた。翌日から一七日まで皇太子はエジンバラ、グラスゴーなど地方を回り、見聞を広げた。ロンドンに戻った皇太子は、連日のように開かれるパーティーや晩餐会などの出席で忙しくなる。英王室の招待もあれば、他国の王族が催す集まりもあった。ここで皇太子は各国王族の間に知己を広げていく。

各国の王族に知人をもたない皇太子が孤立しないよう、日本大使館はタイの王族プリンス・ビラに紹介の労をとってくれるよう懇請している。ケンブリッジ大学出身のプリンス・ビラは英王族や他国の王族に顔が広く、日本大使館の依頼を快諾し、皇太子をいろいろな王族に紹介した。またプリンス・ビラ自身、内輪のランチに皇太子を招待した。

六月二日、皇太子はウェストミンスター寺院で行われた戴冠式に出席した。この時の写真が日本の各紙を飾っている。皇太子は祭壇に向かって右側、外国賓客の最前列で、参加七〇余カ国中、一三番目の席だった。写真を見ると全員起立していて、皇太子のいる一区画は祭壇の方からソ連のマリク駐英大使、ネパールのヒマラヤ皇太子と同皇太子妃、日本の皇太子、サウジアラビアのファイサル王子、イラクのアブドゥル・イラー皇太子の順である。しかしこれは本来の皇太子の席ではなかった。

皇太子が随員と共にウェストミンスター寺院に入ると、案内人が「あなたの席はあそこです」と指し示した。そこは入口に近い末席も末席だった。そのとき「皇太子、私の隣にいらっしゃい」と声がかかった。サウジアラビアのファイサル王子で、明仁皇太子とはパーティーで紹介を受けて互いに見知っていた。

ファイサル王子は自分の席を詰めてスペースを作り、明仁皇太子を座らせた。これが新聞に載った写真である。確かに六人は窮屈そうで、とくに皇太子とファイサル王子は体が重なり合っている。当時、ファイサル王子は四七歳。初代国王イブン・サウードの三番目の息子で、この戴冠式の一一年後の一九六四年に国王に即位する。

戴冠式で英国が最初に用意した明仁皇太子の席が末席だったこと、サウジのファイサル王子が自分の席に招いて隣に座らせたことなどの仔細は外務省の記録に残されている。しかし戴冠式を伝える当時の日本の新聞は、松本大使の「（戴冠式は）非常に荘厳で想像していたよりもはるかに立派であった。皇太子さまも非常にいい席が与えられて戴冠式の模様を熱心にみておられた。さぞ感銘深かったことであろうと想像する。全然お疲れの様子もない」との談話を載せている。

松本大使が事実を知らないはずはないだろうが、これが表沙汰になると、日本世論の英国に対する負の感情を惹起《じゃっき》することや、日英関係に及ぼす影響などを考慮したのかも

エリザベス女王戴冠式に参列した明仁皇太子（前列左から４番目）

知れない。

しかし六五年が過ぎた現在、この事実は外務省の中でも限られた人の間でしか知られていない。この記録を読んだ日本のある元大使は「国際社会の日本への視線がまだ厳しいとき、ファイサル王子が日本の名誉を救ってくれたことは忘れられません」と私に語っている。

このファイサル王子の明仁皇太子への心遣いは、パーティーで紹介されて親近感を持っていたこともあるだろうが、中東の人々が日本に抱くある独特の感情とも無縁ではないと筆者は思う。

筆者自身、テヘランで約2年間特派員をしているなかで、「日本は英米を向こうに回してよく戦った」と何度か言われた。中東は歴史的に欧州列強の支配下におかれ、第二次大戦後は米国が軍事的、経済的な力をバックに影響力を強めるなか、「自分たちはアジアの人間」と感じている中東の人々は、欧米と戦った日本に親しみをもってきた。ファイサル王子にもこうした対日観があったと思われる。

ファイサル国王の来日を懇請した日本

ファイサル王子は一九六四年に国王になったが、女性が教育を受けることを許可して女学校を設立し、またテレビ放送を開始するなど近代化を推進し、開明的な国王として知られるようになる。しかしこの一連の改革は守旧派の激しい抵抗を呼び、七五年、甥のムサーイド王子によって暗殺された。

この暗殺の四年前の七一年五月、日本はファイサル国王を国賓で招いた。第四次中東戦争による石油危機の二年前。アラブの国から国賓として迎えた最初の元首で、エリザベス女王の戴冠式での恩義と無縁ではないと私は想像する。

宮中での歓迎晩餐会で昭和天皇はこう歓迎の辞を述べている。

「このたび国王陛下が国務ご多忙のおりにもかかわらず、はるばるわが国をご訪問になり、親しくわが国の国情をご視察になりますことに対し、心から歓迎の意を表したいと思います」

「貴国が国王陛下のご指導の下に急速に進歩と発展の途を歩まれていることに対し深い敬意を払うものです」

「国王陛下がアラブ諸国中、最初の元首としてわが国をご訪問になったことは……両国間のこれからの協力関係をいっそう強化することに役立つものと確信しております」

これに対しファイサル国王はこう答礼スピーチで述べている。

「私は、訪日の実現につきまして大変長い間、今日あることを願っていた次第です。私の訪日の強い希望にも拘《かかわ》らず諸般の情勢、特にわが国をめぐる情勢下において、今日まで私の希望が達成されなかった訳でございます」

「わが国は発展途上にある国で、大変な技術と技術者を必要としている次第でございます。……我々といたしましては当然友好国である天皇陛下の日本国からの導入を希望しているわけでございます」

天皇の言葉とファイサル国王のスピーチから、日本が国王に来日を再三懇請していたが、国内改革に忙殺されていた国王がなかなか応じられなかった事情が窺われる。国王をぜひとも招待したいと日本側は強く思っていたのだ。

皇室を「発見」したアラブ王室

戦後の皇室とアラブ王室の交流は、平成になるまで完全に日本の〝入超〟で、皇族が行くよりも来日する王族の方がはるかに多かった。そしてもう一つ、交流が特定の王室に偏っていたのも特徴だ。

日本からは明仁皇太子と美智子妃が昭和天皇の名代でヨルダン（一九七六年）、サウジアラビア（八一年）を訪れ、三笠宮崇仁《たかひと》親王と百合子妃がヨルダン（八〇年）を訪問した三回のみだ。

一方、アラブの王室からの来訪は、国賓では当時王国だったイラクのアブドゥル・イラー皇太子（五七年）、サウジアラビアのファイサル国王（七一年）、ヨルダンのフセイン国王（七六年）、カタールのハリファ首長（八四年）の四人。国賓以外では、五五年にまだ王国だったイエメンから王族が訪れている。しかし六〇年代以降はサウジとヨルダンのみ。サウジからは王族が三回、ヨルダンからは六回来日している。

皇室とヨルダン王室は親密な関係にある。ヨルダンの故フセイン国王（一九三五〜九九年）は昭和天皇の時に三回（うち一回は国賓として）来日し、八九年二月の昭和天皇の大喪の礼にも参列している。ヨルダン王室は預言者ムハンマドにつながる名門ハシム家で、国は小さいが家系で言えば族長の一つでしかないサウジのサウード家とは格が違う。故フセイン国王は歴史の長い皇室と昭和天皇への尊敬とともに、米欧を向こうに回して戦った日本に強い親近感を抱いていたといわれる。そこにはヨルダン自身が欧州列強の植民地政策に翻弄されてきた経験があったと思われる。

特定の国に偏ってきたアラブ王室との交流だが、平成になると多岐にわたるものになっていく。その契機となったのは「大喪の礼」と、続く「即位の礼」（九〇年一一月）で、アラブ首長国連邦、オマーン、バーレーン、クウェートなど、これまで皇室と交流のなかったペルシャ湾岸の王室が王族を出席させた。

これらの国と日本は政治的、経済的関係はもってきた。しかし「大喪の礼」と「即位の礼」に王族が出席する中で、欧州の王室とは異なるものを皇室に見出した。それは何かというと、世俗的な欧州の王室と比べ質実で抑制的、かつ精神的ともいえるたたずまいであり、そこに自分たちが信奉するイスラム教と近しいものを感じとった、と私は見ている。アラブ王室の日本の皇室発見と言ってもいいかも知れない。

徳仁皇太子成婚後にアラブ七カ国訪問

平成になって、皇室でアラブ王室との交流を主として担ったのは徳仁《なるひと》皇太子だった。独身だった一九九一年にモロッコを訪問したのが、アラブ世界との最初の出会いとなった（モロッコ王室との交流については第六章で詳述）。雅子妃と結婚すると、初の外国訪問としてペルシャ湾岸の王室をもつ七カ国が選ばれた。

宮内庁と外務省は理由として、アラブの王室は親日的ながら、欧州の王室との交流と比べて行き来が限られ、皇族の訪問が懸案になっていたことを挙げた。「大喪の礼」と「即位の礼」にアラブ各国の王族が参列してくれたにもかかわらず、この答礼訪問が湾岸危機・戦争などによって延期されたりして、まだなされていなかった。そうした中で、アラブ諸国は日本の皇太子が結婚後初の訪問先に自分たちの国を選んでくれたことを名誉と感じ、歓迎した。

ただ七カ国を一度に回るのは日程的に厳しく、二回に分けて計画された。一回目は九四年一一月五日から一五日まで、サウジ、オマーン、カタール、バーレーンの四カ国。二回目は翌九五年一月二〇日から三〇日まで、クウェート、アラブ首長国連邦、ヨルダンの三カ国が予定された。この二回にわたる訪問は一体のものと位置付けられ、外務省や宮内庁は「この訪問でご夫妻の中東訪問が完結する」と説明した。

一回目の訪問は順調に進み、各国は競うようにもてなした。

サウジでは公式行事に男女が同席しないイスラムの慣習に基づき、皇太子と雅子妃は別々に晩餐会に臨んだ。男性社会の中東で、雅子妃は女性王族の集まりに単独で出席して通訳なしで会話を弾ませた。日本大使館は「普段接触できない女性王族との交流を深めていただいた」と喜んだ。

首都リヤド郊外では「赤い砂漠」と呼ばれるネフド砂漠を訪れた。酸化鉄によって赤色を帯びた細かい砂粒からなる砂漠で、夫妻は雄大な景色をカメラに収め、砂漠に設営されたテントで羊の丸焼きを楽しんだ。また日本のアラビア石油が採掘していたクウェート国境に近いカフジ油田まで足を伸ばし、邦人社員や家族を励ました。オマーンでは砂漠に張られたロイヤルテントにカブース国王を表敬し、国王から国王自身が牧場で育てている馬を贈られた。

カタールでは初めて皇太子夫妻が一緒に晩餐会に出席した。カタール側の計らいで、同国側からは女性は参加しなかったが、極めて異例のことだった。バーレーンでは王室専用のクルーザーでオマーン湾を遊覧し、日本企業が建設中の液化天然ガス（ＬＮＧ）

生産基地を見学。またハマド皇太子から自分が飼っているアラブ馬二頭が皇太子に贈られた。

阪神・淡路大震災で分かれた判断

一回目の訪問は無事終えた。しかし問題は二回目だった。出発三日前の一月一七日、阪神・淡路大震災が起きたのだ。このとき宮内庁の藤森昭一長官から外務省の儀典長だった渡邉允《まこと》氏（のちの侍従長）に訪問を中止すべきか否か、打診があった。

「外務省としては行くべきだと答えました」と渡邉氏は語る。出発前日、皇太子夫妻は記者会見で「日を追って大きくなる被害に深く心を痛めております。一日も早く立ち直るよう心から願っております」と語った。

最初の訪問国クウェート（一月二一日～二三日）では、皇太子夫妻はジャビル首長との会見で震災の犠牲者のお悔やみを受けるとともに、湾岸戦争で日本がクウェートを支援した感謝のしるしとして勲章が授与された。

第二の訪問国アラブ首長国連邦（UAE、二三日～二六日）でも、ハリファ皇太子から被災者へのお悔やみとお見舞いの言葉が述べられ、UAE最高位の勲章が皇太子に贈られた。ＵＡＥは七首長国からなり、その一つのドバイ首長国も訪問したほか、アブダビ沖の海上石油施設などを視察した。

二六日午後、皇太子夫妻は最後の訪問国ヨルダンに入った。表敬訪問したフセイン国王から「地震についてできるだけ協力をしたい」という申し出があった。その夜、約一二〇人が出席したハッサン皇太子夫妻主催の晩餐会で、同皇太子は歓迎スピーチで阪神・淡路大震災の被災者へお見舞いを述べた。徳仁皇太子は中東訪問で初めて答礼スピーチに立ち、英語で「大震災でたくさんの被災者が出たことに、深い悲しみを覚えます」と述べ、ヨルダンから数多くの寝袋とテントが緊急援助として送られたことに感謝を表明した。

皇太子夫妻がヨルダンの首都アンマンに到着したころ、日本では深夜になっていたが、外務省の渡邉氏の自宅に藤森宮内庁長官から電話があった。藤森長官は震災の状況にかんがみて皇太子夫妻の訪問の短縮を決めたと伝えた。予定を二日短縮して二七日にヨルダン訪問を切り上げ、二八日に帰国するという。渡邉氏が「陛下にはお伝えしたのか」とたずねると、「あすの朝、お伝えする」との答えだった。事実上、藤森長官の異例ともいえる独断での予定変更だった。

二七日朝、宮内庁は皇太子夫妻の訪問日程を短縮し、二八日午後にも帰国する方向で検討を始めたことを明らかにした。

訪問最終日の二七日、皇太子はフセイン国王の祖父と父の霊廟で献花。雅子妃は医療活動などをしている赤新月社のアンマン市内の病院を訪問し、日本赤十字社から贈られたエックス線機材を設置した部屋の開所式に出席した。午後に予定されていたペトラ遺跡見学やアカバ訪問は中止され、国王夫妻との昼食会などに変更された。夕方、アンマン空港から政府専用機であわただしく帰国の途に就き、二八日午後、羽田空港に着いた。

訪問は予定通りこなすべきだった

宮内庁によると、皇室で外国公式訪問の途中に日程が短縮されたのは、先の天皇が皇太子時代の一九六二年、パキスタンなどアジア三カ国を歴訪中に体調を崩し、最後のフィリピン訪問を取り止めた例があるだけだった。国際親善を果たすという広い意味での皇室外交は、国内問題と絡むときどうあるべきなのか、この一件は難しい問題を突きつけた。

週刊誌などには「この時期になぜ行かねばならなかったのか」と厳しい意見が散見さ

れた。宮内庁にも抗議の電話が殺到したという。皇室と国民の距離を問う記事もあり、総じて皇太子夫妻に厳しかった。

しかし結論から言うならば、訪問は予定通りこなすべきだったと私は思っている。皇太子夫妻は国際親善を果たしているのであり、とくにアラブ諸国の訪問は何度か延期され、大きな懸案になっていた。いずれの王室も親日で、大災害が起きても予定通りスケジュールをこなす姿に、皇室が国民の間にゆるぎない信頼を築いていることを示すことにもなったはずだ。天皇、皇后は日本にいるわけで、浮足立ったところを見せる必要はなかったと思われる。

日程短縮は外務省に事前の相談がなかった。天皇へも事後承諾だった。事実上、藤森長官の独断でなされたが、国内にしか目が行っていなかったと感じざるを得ない。中東諸国は震災に深い同情と被災者へのお悔やみの気持ちを示し、支援を行っているか、行おうとしているときだった。宮内庁の持っていき方、発表の仕方次第では、皇太子夫妻は日本と中東諸国の連帯の絆《きずな》を象徴する存在にもなり得たのに、と私は思う。

ただこの中東七カ国訪問が、その後、皇太子がこの地域にかかわっていく契機を作ったことは間違いない。一回目と二回目の訪問の首席随員を務めた世界平和研究所理事長

（当時）の故・大河原良雄氏は「中東の王族との接触の道が開け、中東諸国が日本に十分な認識を持つようになった」と意義を述べた。

これ以後、サウジ王室の王族が亡くなると、多くの場合、皇太子が弔問に訪れた。ファハド国王（二〇〇五年八月）、スルタン皇太子（一一年一〇月）、ナイフ皇太子（一二年六月）、アブドラ国王（一五年一月）と続いている。皇位継承順位第一位の皇太子を派遣してきたことは、日本の姿勢をサウジ王室に感じさせているはずだ。

またヨルダンのフセイン国王の葬儀（一九九九年二月）にも皇太子、雅子妃が訪れている。皇室とヨルダン王室の親密さや、フセイン国王が四回来日していることを考えると当然でもある。

皇太子以外でアラブの王室との交流を担ったのは高円宮《たかまどのみや》だった。九六年五～六月、モロッコ、ヨルダンを訪れ、九九年七月のモロッコのハッサン二世国王の葬儀には弔問で訪れた。翌年は久子妃と同国を親善訪問している。〇二年一一月、心不全で亡くなったことは、今後のアラブの王室との繋がりの上でも大きな損失だった。皇太子が天皇になると簡単には外国訪問できず、高円宮がその穴を埋める役割を担うはずだったからだ。

特筆すべきクウェートの親日ぶり

広島平和文化センター理事長の小溝泰義《こみぞやすよし》氏は、外務省での最後のポストが駐クウェート大使だった。二〇一〇年八月から二年余の在任だったが、忘れがたい思い出がある。赴任した夏の終わり、サバハ首長に信任状を奉呈した。ふつうは天皇、皇后からのメッセージを伝え、大使として自分の決意を表明して終わる、一〇分から一五分の儀礼的なものだ。しかしサバハ首長は小溝氏が話し終わると、「湾岸戦争では本当に日本に感謝しています」と語りかけた。

一九九〇年から九一年にかけての湾岸危機・戦争では、日本は多国籍軍への協力として一三〇億ドルを支援した。しかし戦争後にクウェートが米紙に載せた感謝広告に日本の名前がなかったことから、日本では「感謝されていない」と騒ぎになった。いまではこれはクウェート側の凡ミスだったことがほぼ明らかになっている。感謝広告は当時のクウェート駐米大使のイニシアティブで進められたが、事実上、米国の広告会社に丸投げだったからだ。

ただ日本に不愉快な思いをさせてしまったとの気持ちがクウェート政府関係者には強く、日本人が恐縮するほど感謝されるケースも少なくない。サバハ首長の感謝の言葉は間もなく行動を伴って示された。

日本とクウェートは国交樹立のときから良好な関係にある。クウェートが英国から独立したのは一九六一年六月。これに対して隣国イラクは「クウェートはわが国の一つの州」と主張し、クウェートと国交を結んだ国とは断交すると脅した。欧米がクウェート承認をためらうなか、日本は他国に先駆けて独立半年後の同年一二月に承認した。六三年二月にイラクで軍事クーデターが起き、同年一〇月、イラクはクウェートの独立を承認。欧米が承認するのはこれ以後で、日本から二年遅れだった。

「二〇一一年一二月を中心に、日本大使館は修好五〇周年を祝うさまざまなイベントを行いましたが、他の大使館が静かななかで日本が突出して目立ちました」

と小溝氏は語る。

クウェートの親日ぶりを見せつけたのは、この年三月に起きた東日本大震災のときだった。サバハ首長の決断で、同国は原油五〇〇万バレルの無償提供を決定した。額にして四五〇億円相当である。同国は国家予算の九〇％が原油輸出収入で占められ、憲法で原油の使い道が厳しく規制されている。

「場合によっては政府が倒れるリスクがありました。しかし決定後、批判めいたものは

起きませんでした」（小溝氏）

この支援がもう一つ異例だったのは、サウジの対日支援を大幅に上回ったことだ。サウジの弟分として、クウェートは援助のとき常にサウジを見て、やや少なめにするのが通例だった。しかし東日本大震災ではサウジの二〇〇〇万ドル（当時のレートで一六億円）相当の液化石油ガスの支援と比べ、額で二五倍以上と突出した。

小溝氏はぜひともお礼を述べたいと思い、サバハ首長が出席するある会合で、石油大臣に頼んで出口のところで待たせてもらった。首長が出てきたところで引き合わされ、「今回の日本への支援には本当に感謝しています」と伝えた。すると首長は「当然のことをしたまでです」と答えたという。信任状奉呈の時のサバハ首長の感謝の言葉は行動で示されたのである。

「天皇陛下はまれに見る名君である」

東日本大震災から一年後の二〇一二年三月、サバハ首長は国賓として四日間の日程で日本を訪問した。このとき首長は八二歳の高齢で、小溝氏は任地の大使として訪問に同行した。先の天皇は心臓の冠動脈バイパス手術を受けたばかりで、静養中だった。首長は内々に「陛下の体調が万全でなければお会いできなくていい」「皇太子が名代を務められれば十分」と日本側に伝えていた。

三月二一日、皇居・宮殿前の東庭で歓迎式典が行われた。天皇は手術に伴って胸の中にたまった体液（胸水）を抜く二度目の治療を前日に受けたばかりで、皇太子が代行した。自衛隊音楽隊による両国歌演奏、栄誉礼、儀仗隊巡閲と進み、最後にクウェートの代表団が日本側に紹介され、皇族や首相ら閣僚がクウェート側に紹介された。

このあと皇居・宮殿内の会見に移ったが、屋内だったことから天皇が対応した。皇后も同席した。サバハ首長は「体調が早く回復することを願っています」と話し、陛下は「ありがとう」と応じた。首長と会見後、天皇は再び宮内庁病院に行き、胸の具合を調べた。

その夜の宮中晩餐会は天皇の名代として皇太子がホスト役を務めた。野田佳彦首相ら約一五〇人が出席したが、クウェート側の慣例で冒頭の両国あいさつや乾杯が省略され、高齢の首長の体調に配慮し、全体の時間も通常より四五分短い二時間弱になった。

サバハ首長の三泊四日の滞在中、野田首相、枝野幸男経済産業相は会談で、東日本大震災で同国が原油を無償提供してくれたことにお礼を述べた。また両国の投資促進を図るための投資協定に署名した。湾岸諸国でつくる湾岸協力理事会（ＧＣＣ）加盟国との投資協定署名は初めてだった。二二日夜は野田首相主催の歓迎夕食会が開かれた。

ふつう国賓滞在中、天皇は四回接遇する。皇居・宮殿の外での歓迎式典、宮殿内での会見、宮中晩餐会、お別れのあいさつ、だ。

最後の二三日午前、天皇、皇后は東京・元赤坂の迎賓館を訪れ、サバハ首長にお別れのあいさつをした。両陛下はロビーで首長とにこやかに握手を交わした後、朝日の間で懇談。首長が「東日本大震災からの力強い復興を期待します」と述べると、陛下は「一人一人の苦しみをみんなで分かち合いたい」と述べた。

実はこのお別れのとき、首長は三〇分も前から迎賓館の控えの間で天皇の来訪を待っていた。術後で体調も万全でないところを、二回も接遇してくれたことに深く感謝した。サバハ首長は小溝氏に「天皇陛下はまれに見る名君である」「体調が十分でないにもかかわらず、その態度と振る舞いは国家元首の鑑《かがみ》だ」と繰り返したという。国際親善を果たすという天皇の確固とした信念は強い印象を与えたのである。

アラブの王室が皇室を尊敬する理由

中村滋《しげる》氏は二〇〇六年から〇九年までの三年間、駐サウジ大使を務めたが、「サウジの王族は日本の皇室に尊敬と強い関心を寄せている」と指摘する。在任中、日本からの要人がアブドラ国王（在位〇五年八月〜一五年一月）に謁見するとき、中村氏は必ず陪席したが、国王の最初の発言は決まって「天皇陛下はお元気でおられるか」との質問で始まった。

同国王は皇太子時代の一九九八年一〇月、公賓として来日し、東宮御所で徳仁皇太子夫妻から夕食のもてなしをうけた。翌日には天皇が徳仁皇太子、小渕恵三首相らを交えた昼食会をもった。この訪日を通して皇室にアブドラ皇太子がひと際強い印象を抱いたと中村氏は感じ、国王になってから日本の謁見者に冒頭、決まり文句のように「天皇陛下はお元気でおられるか」と言う言葉にも懐かしさのこもった響きがあったという。ちなみに先に触れた徳仁皇太子、雅子妃の九四年の中東四カ国歴訪でサウジに立ち寄った際は、国王になる前のアブドラ皇太子がもてなしている。

長年、サウジの駐米大使を務めたバンダル・ビン・スルタン王子は帰国後、国家安全保障会議の事務局長という重要ポストに就いた。面会が極めて難しいことで知られたが、中村氏とは二度私邸で会い、イランとの水面下の交渉などを明かしてくれたという。この時、事務局長は、「自分は通常、外国の大使には会わないが日本は例外である。なぜなら日本の皇室を尊敬しているからだ」と述べたという。〇四年九月、徳仁皇太子がブルネイのビラ皇太子の結婚式に参列した際には、スルタン王子と席が隣同士になり、歓談している。

皇室に対するサウジの敬意について中村氏はこう指摘する。第一に、日本の皇室が万世一系と言われる、世界でも珍しい長い歴史と伝統を保持していること。第二に、皇室が日本国民の幅広い尊敬と支持を集めていて、「自分たちもこうありたい」という願望。第三に、華美や贅沢から一線を画した精神性の高さ、だ。これは先に触れたように、彼らが信奉するイスラム教に通じるものがある。

奥田紀宏《のりひろ》氏は駐サウジ大使を一五年から一七年末まで務めたが、サウジの王族が日本を訪問するときは、なるべく徳仁皇太子に空港に出迎えてもらえるよう外務省を通じて宮内庁に要望していた。皇位継承順位第一位の皇太子の出迎えは「自分たちを手厚く遇してくれている」との証になるからだ。奥田氏の要望は聞き入れられたこともあれば、皇太子の都合がつかなかったこともある。

実はサウジだけでなく、アラブの王室が日本の皇室を尊敬していることは、アラブに通じた人の共通認識である。七〇年代の石油危機のとき、大協石油（いまのコスモ石油）の中山善郎社長は、アラブ諸国から石油の安定供給を受けるには「皇室外交があれば最高」「菊の御紋の威光はアラブの王様に絶大」と語っている。

シンプルな美しさへの感嘆

サウジのジャーナリストが二〇一八年一〇月、トルコ・イスタンブールのサウジ総領事館で殺害された事件で、サウジのムハンマド皇太子が殺害を指示したのではないかと報道されている。事実は不明だが、石油依存からの脱却など経済の近代化に着手する一方、女性が車を運転することを認め、映画館も解禁するなど、「乱暴なところもあるが、改革者」と見られてきた同皇太子のイメージが大きく傷付いたのは間違いない。

実はムハンマド皇太子はまだ副皇太子だった一六年八～九月、公式実務訪問賓客として日本を訪れ、九月一日に皇居・御所で天皇に謁見した。このとき二人が向かい合って話している写真が大きな話題となった。

天皇への謁見は皇居・御所の一室で行われた。ここで天皇が「東日本大震災の際にお

写真はSNSを通して世界に広がった

見舞いをいただいたことに感謝します」と述べると、副皇太子は「それは我々の義務です。日本は極めて重要なパートナーなので、困っているときにはそばに寄り添うのが真の友人です」と語った。

この時の写真がフェイスブックやツイッターなどSNSを通じて世界で大きな反響を呼んだ。何の飾り気もない部屋で、装飾といえば草花を活けた花瓶が一つあるだけ。障子から明かりが差し込む凛とした気品ある空間の中で、天皇と副皇太子が向かい合い、言葉を交わしている。

フェイスブックとツイッターの声——

「この写真を見ると嬉しく感じる。サウジアラビアの副皇太子が、シルクやジュエリーなどの派手な装飾に頼らずとも、とても穏やかな気持ちで対談されていることが分かるからだ」「本当に素晴らしい場所だ。うるさくないシンプルな作りで、大事な部分一点にまとめられている。日本らしいよ！」（サウジアラビア）

「日本の天皇陛下と最高のミニマリズムの形」（カタール）

「これこそが真のミニマリズムだ！」（マレーシア）

「金も装飾もなく、衝撃的な一枚だ。この謙虚さが美しいのだろう」（米国）

「写真は最低限のものしか置かれていないにもかかわらず、部屋から美しさや気品があふれている」（モロッコ）

ミニマリズムとは、華美を排したシンプルさに真の美しさを見出す装飾やデザイン、またそれに基づく考え方、生き方を指す。両陛下の私邸である御所もそうだが、皇居・宮殿も、そこに足を踏み入れた外国の賓客の多くが、そのたたずまいに感嘆する。装飾を排し、趣味のいい花瓶がただ一つ、広い空間に置かれているだけ。これでもかと装飾を重ねていく欧米のインテリアとは対極の引き算の美だ。ここに日本の精神性を見る賓客は多い。

先の奥田紀宏氏は副皇太子の訪日に同行し、サウジに帰任して謁見の感想がＳＮＳで出回っているのに気が付いた。「写真がコメントとともにＳＮＳで次々とリツイートされ、サウジ国内で拡散していました」と語る。

同氏は同国を含めた湾岸諸国の日本や皇室への親近感の底流には、日本人はあまり気付かないことだが「自分たちも同じアジアの人間」という感情があると指摘する。加えて、日本人が欧米のような上から目線ではなく、対等に見てくれることへの好感もある。だれに対しても等しく平等に接遇することを旨とする皇室は、アラブの国々にとって日本そのものを象徴しているのだろう。

第二章 「慰霊の旅」が果たした大きな役割

最後の戦没者追悼式

黄と白の菊の帯が壇上に長く伸び、中央に白木の標柱が立つ。「全国戦没者之霊」の文字。天皇、皇后両陛下が標柱の前に進み出られ、標柱と向かい合った。「正午の時報を合図に戦没者に黙禱を捧げます」のアナウンス。沈黙の中、時報が鳴ると両陛下と約七〇〇〇人の参会者は深々と黙禱した。

東京・千代田区の日本武道館で二〇一八年八月一五日に開かれた全国戦没者追悼式。即位した一九八九年から毎年、皇后と追悼式に臨んできた先の天皇にとっては三〇回目となる、退位前最後の追悼式だった。退位後も戦没者への思いは持ち続け、祈られるだろうが、こうした式典に出席することはもうなくなる。

標柱の前で原稿を読み上げられた天皇は、原稿をしまった後も標柱を見上げ、しばし去りがたいような様子を見せた。会場を出る際も、出口の手前で足を止め、参会者に向かって何度も頭を下げた。

この日のおことばは、これまでと構成はほぼ同じで、戦争で亡くなった数多くの人々と遺族に対して「深い悲しみ」を表明し、「深い反省」とともに、「戦争の惨禍」が再び繰り返されないことを願う内容だった。ただこれまでにない「戦後の長きにわたる平和な歳月に思いを致しつつ」という一節が挿入された。大戦後、平和が長く維持されてきたことを振り返るように、最後の追悼式で加えたのだ。

両陛下にとって全国戦没者追悼式はこれまで続けてきた「慰霊の旅」の終着点とも、締めくくりとも位置付けることができるだろう。

硫黄島から始まった慰霊の旅

両陛下は即位以来、未曾有《みぞう》の犠牲者を出した被災地、戦場を一つひとつ回り、真摯に追悼と慰霊を続けてきた。八月一五日の全国戦没者追悼式は、そうした個々の慰霊を踏まえて、改めて全戦没者に頭《こうべ》を垂れる場となってきた。二〇一八年の八月一五日は、そうした慰霊を巡るサイクルの最後の締めくくりとなるもので、両陛下にとって特別に感慨深いものとなったはずだ。

両陛下の被災地や戦場での慰霊が、「慰霊の旅」と呼ばれるようになったのは一九九四年二月、小笠原諸島の硫黄島訪問からだった。それまでも両陛下は被災地や戦場となった地に足を運び、追悼を行ってきた。硫黄島の前年には沖縄も訪れている。

しかし硫黄島はそれまでの場所と違って、立ち入りが制限され、だれでも行けるところではない。行くには自衛隊機しかない。日本軍二万人が玉砕し、米軍約七〇〇〇人が戦死したこの島は、梯《かけはし》久美子著『散るぞ悲しき―硫黄島総指揮官・栗林忠道―』や、映画『硫黄島からの手紙』で一躍有名になったが、両陛下が訪れたのは、注目される一〇年以上前である。この訪問のころから、メディアは「両陛下はそうした地への行脚《あんぎゃ》を自らの使命としている」と見て、追悼と慰霊を目的とする旅行を「慰霊の旅」と形容するようになった。

この硫黄島訪問の翌九五年の戦後五〇年には、原爆被災地の広島、長崎、沖縄県糸満市の国立沖縄戦没者墓苑、東京大空襲の犠牲者が納められている東京都慰霊堂を訪れた。

戦後六〇年の〇五年には、慰霊の旅を初めて外国に広げ、米自治領サイパンに赴き、国内では横須賀市の観音崎公園にある戦没船員の碑を訪れた。また日本遺族会婦人部「新たなる出発の集い」への臨席や、引揚者の入植地・開拓地の訪問など、死者だけでなく、戦後の苦難を生き抜いてきた人々を励ますことも自分たちの任務に加えた。

さらに戦後七〇年の一五年には、西太平洋のパラオ・ペリリュー島まで行き、翌一六年にはフィリピンを訪問した。

対象は「すべての犠牲者」

「慰霊の旅」は先の天皇の個人的な思いに発する部分が多くを占めている。父・昭和天皇が戦争を止められず、多くの国民に多大な犠牲を強いたことの責任を、代わって息子の自分が犠牲者を追悼し、苦難の中を生きてきた人々を励ますことで果たし、併せて過去の反省を表そうとしてきた。

戦争が終わったとき天皇は一一歳で本来、責任はない。しかし父は、戦争が自分の名において始められたこともあって、反省を口にしたり、慰霊を行ったりすることが難しかった。そうした父のやり残したことや責任を、自分が引き受けていこうとの決意である。

この決意は、皇太子時代の一九七五年七月、美智子妃と訪れた沖縄の「ひめゆりの塔」で述べたおことばを読むと一層のこと明瞭になる。

「払われた多くの尊い犠牲は、一時の行為や言葉によってあがなえるものではなく、人々が長い年月をかけて、これを記憶し、一人ひとり、深い内省のなかにあって、この地に心を寄せ続けていくことをおいて考えられません」（傍点筆者）

傍点の部分が先の天皇（当時は皇太子）の自分に向けた言葉であることは明らかだろう。「自らその責めを生涯背負っていく」との思いが「慰霊の旅」を支えてきた。

当然のことながら慰霊の旅はメディアや識者の注目を集め、必然的に「祈る行為の可視化」を伴った。即位した当時は五〇代半ばだった両陛下も、歳を重ねるごとに体の動きが緩慢になっていった。それでも衆目の中、腰を九〇度近く曲げてじっと祈る。慰霊碑の前で、海の向こうに向かって、断崖の深いふちの脇で……。真摯に、深々と頭を垂れるお二人の姿は、見る者に何がしかの感慨を起こさずにはおかなかった。そこに政治的、外交的な計算や匂いはなく、宗教的、哲学的なものさえ感じさせた。

「慰霊の旅」は基本的には日本の犠牲者を弔うものだった。しかし日本本土はともかく、米軍との激しい戦闘が繰り広げられた地では、犠牲者には米兵もおり、また現地の住民や外国の民間人もいた。こうした場所では両陛下は全犠牲者を慰霊の対象にした。

例えば、米自治領のサイパンでは、上陸作戦を行った米側に三五〇〇人近くの戦死者を出し、日本の植民地下にあった朝鮮からの移住者なども犠牲になっている。サイパンの住民も同様だった。両陛下のサイパン行きが明らかになると、米国の元軍人や遺族から反対や懸念の声が上がった。韓国でも反対が起きた。

このとき日本政府が米国に強調したのは「慰霊は日本人だけでなく、すべての犠牲者が対象である」ということだった。この言葉は米国側を安堵させた。

実際のところ二〇〇五年のサイパンへの旅では、両陛下は島の北端の「中部太平洋戦没者の碑」で献花し、米軍に追い詰められて日本人の民間人が断崖から身を投じたバンザイクリフとスーサイドクリフで黙禱を捧げたあと、アメリカ慰霊公園で米国人戦没者の慰霊碑と現地人戦没者の慰霊碑に献花し、黙禱した。韓国人を慰霊する「韓国平和記念塔」と、沖縄県出身者の「おきなわの塔」にも立ち寄って黙禱を捧げた。米国でも、韓国でも、批判はおさまった。

二〇一五年、パラオのペリリュー島では、日本人を慰霊する「西太平洋戦没者の碑」のほか、「米陸軍第81歩兵師団慰霊碑」にも詣でている。

政治色を薄めたサイパン訪問

ただ外国に広げた慰霊の旅には、外交上の調整という課題もあった。サイパン、パラオ、フィリピン三カ国の旅は、二つのパターンに分かれた。サイパンが政治色を極力薄めた「慰霊」に徹したのに対し、パラオとフィリピンは「政治」と「慰霊」の二本立てとなった。

サイパン訪問の準備段階から日本側は米側に、両陛下は非公式な訪問であり、「慰霊に徹したい」との希望を伝えた。調整の結果、最低限の外交儀礼にとどめることで合意した。

具体的には、米側は米政府代表としてシーファー駐日大使を、国務省代表としてデミング元駐日公使を現地に送り、北マリアナ諸島自治政府のババウタ知事と共にサイパン国際空港で両陛下を出迎え、日本に戻るときに見送ることとした。通常の外国訪問で行われる歓迎式典を含め、一切の外交儀礼上の行事は省くことになった。ある意味で異例な形だった。

外国の元首がたとえ非公式であろうと来訪したとき、ホスト国の元首なり、少なくとも儀典長が接遇するのが外交儀礼である。来訪した外国の元首が「私たちにお構いなく」と、勝手にその国の中を歩き回るのは、儀礼上、ふつうはあり得ない。

昭和天皇が皇后とともに欧州を歴訪した一九七一年、フランスの非公式訪問の準備でこういうことがあった。エリゼ宮（仏大統領官邸）から「両陛下のパリ滞在中、ポンピドー大統領が午餐にお招きしたい」との意向が日本大使館に伝えられた。

大使館がこれを宮内庁に伝えたところ「非公式訪問なので断ってほしい」と折り返し返事がきた。加えて宮内庁が求めたのが、両陛下が乗る車としてベンツを指定し、ボンネットの頭に日の丸を掲げることだった。

当時、準備に当たっていた駐仏公使の故・本野盛幸氏（後の駐仏大使）は強く危惧した。

「折角、エリゼ宮がお招きしたいというのを断った上、フランスの敵国だったドイツ車に日章旗をつけて、フランス政府は関係ないとばかり傍若無人にパリ市内を走り回ることがどんな意味をもつか、宮内庁は知っているのですか、と思いました」

と本野氏は私に語っている。

同氏は「この招待は受けるべきだ」と強く主張し、最終的に宮内庁はこれを受け容れた。

サイパンの場合、米本土から遠く離れていることもあり、日本側の強い意向に米国が理解を示した結果だった。それでも米側は、外国から国賓が来訪するときは、その国に駐在している米大使が同行することや、国務省の儀典長が空港に出迎える儀礼を最低限踏襲した（国務省から送られたデミング氏は、儀典長の代理との意味合いがあった）。

友好親善を絡めたパラオ、フィリピン

政治色を極力薄めたこのサイパン訪問に対して、パラオとフィリピン訪問は友好親善の目的も加わった「政治」と「慰霊」の二本立てとなった。別の言い方をするならば、外交とも密に絡む両陛下の公務である国際親善活動と、日本人戦没者への慰霊という行為を、両立させる工夫が必要になった。このため両国については公式訪問を主とし、一部の日程を非公式訪問として慰霊に割く方法がとられた。

二〇一五年四月、日本からチャーター機でパラオに到着した両陛下をレメンゲサウ大統領夫妻が出迎え、空港で歓迎式典が行われた。そのあと、両陛下は大統領夫妻の案内で、珊瑚礁センターなどを視察した。その夜は、両陛下の訪問に合わせて来訪したミクロネシア連邦のモリ大統領と、マーシャル諸島共和国のロヤック大統領夫妻も合流して、

晩餐会がもたれた。天皇陛下と西太平洋三国の大統領は互いの一層の交流と、それぞれの国民の幸せを祈って杯を挙げた。

初日に国際親善を果たした両陛下は、二日目は慰霊にあてた。両陛下は激戦地のペリリュー島にヘリコプターで飛び、先に述べた一連の追悼を行った。一泊二日の二四時間の滞在を終えた両陛下は、その夜、羽田空港に戻った。

ついで一六年一月、両陛下はフィリピンのアキノ大統領の招きで、国賓として訪問した。四泊五日の日程のうち最初の三日間は公式プログラムにあて、無名戦士の墓での献花と黙禱、歓迎晩餐会への出席、日系人や日本に留学経験のある元学生らとの交流などのイベントをこなした。

四日目が日本人犠牲者の慰霊にあてられた。両陛下は首都マニラから南東六五キロのラグナ州カリラヤにヘリコプターで飛び、「比島戦没者の碑」の献花台に白い花束を置いて、深々と祈られた。五日目の最終日、全日程を終えた両陛下はアキノ大統領に見送られて、フィリピンを後にした。

埋もれがちな歴史の再認識

慰霊の旅は何をもたらしたのだろうか。一つの成果は、埋もれがちな歴史を国民に再認識させたことだ。観光地で知られるサイパンに、戦争中そうした悲劇があったこと、パラオ・ペリリュー島というほとんど知られていなかった島で日本兵一万人が玉砕した激戦があったこと、マニラでの日米両軍の市街戦は、現地の人々に多大な犠牲を出したことなどだ。

天皇は「過去の事実についての知識が正しく継承され、将来にいかされることを願っています」（二〇〇五年）、「私がむしろ心配なのは、次第に過去の歴史が忘れられていくのではないかということです」（〇九年）と語っている。この点で、慰霊の旅は「日本は一時期、こういう歴史を持ったのですよ」と身をもって示すものだった。

慰霊の旅が道義性を示したことも触れておく必要がある。すでに指摘したように、外国人も犠牲になっている場所では、すべての人を慰霊の対象とした。これは慰霊の旅を身内だけを対象にした内向きのものではなく、より開かれた普遍的なものにした。また祈りに政治的、外交的な打算やパフォーマンスの匂いがないことも、道義性を高めたように思われる。

前記とも絡むが、三つ目に慰霊の旅は平和国家を目指す日本の信頼性を高めたと私は見ている。戦後、日本は平和立国を目指してやってきた。しかしかつて戦争に巻き込まれた東南アジアの国々からは一九八〇年代まで、軍国主義・日本の復活の可能性が繰り返し議論となってきた。

福田赳夫首相は七七年、日本と東南アジア諸国連合（ASEAN）の国々との関係について、三原則からなるいわゆる福田ドクトリンを発表した。その第一項が「日本は軍事大国とならず、世界の平和に貢献する」というものだった。この三年前、田中角栄首相がジャカルタを訪問したとき、日本製品の焼き討ちやボイコットを煽る暴動が起きた。急激な日本の経済進出への反感が背景にあったが、日本に大きな衝撃を与えた。

先の大戦の反省を踏まえ、日本は軍国主義と決別して、平和国家の道を歩んでいると日本人自身は思っていた。しかし東南アジアの国々は「再び軍国主義になるのではないか」「強国になったら変心するのではないか」との疑念をぬぐい切れなかった。そのとき打ち出されたのが福田ドクトリンだった。ちなみに他二つの原則は「日本とASEANは心と心の通う信頼関係を構築する」「日本とASEANは対等なパートナー」という内容だ。

平和国家のイメージを発信

軍国主義・日本の復活への疑念が消えないのには幾つか理由があった。まず、戦争の記憶がまだ完全に歴史とはなっておらず、日本の占領を体験した人が多く生存していた。また、日本の急速な経済発展と東南アジア進出が、大戦中の日本を思い起こさせた。そしてもう一つは、昭和天皇の存在だ。

昭和天皇が戦争を止められなかったことに忸怩《じくじ》たる思いを抱き続けたことは、日本ではよく知られている。しかし外国では、昭和天皇が象徴という存在になったとはいえ、引き続き元首の地位（外国ではそう位置付ける）にとどまっていることは、日本が戦前との連続性を保持し続けているという心証を与えていた。昭和天皇が亡くなったとき、「葬儀に出席すべきでない」との反対が幾つかの国で起きたのは、「昭和天皇は戦争の最高責任者」との認識が広く浸透していたからだ。

その意味では、外国にとって先の天皇は白紙ともいえる存在だった。その天皇が即位後、皇后とともに、過去の反省を込めて慰霊の旅を始め、ときに日本人戦没者だけでなく、全犠牲者に追悼を捧げてきたことは、平和国家・日本のイメージを補強してきた。

歴史問題をかかえた中国や韓国、北朝鮮は別にして、平成になり東南アジアの国々で日本の軍国主義復活の懸念が表立って議論されたことを私は寡聞にして知らない。

安全保障問題では日本は中国の力の威圧に対応する形で、集団的自衛権を一部容認する安全保障法制を成立させた。安倍政権の安全保障政策強化の行き方に対して、両陛下の慰霊の旅やおことばはバランサーとなり、東南アジアの国々にある種の安心感を醸成してきたと思われる。

また慰霊の旅を含めた両陛下の自然体の振る舞いも日本の良きイメージ定着に寄与したと思う。日本はバブルの終焉と平成の時代の始まりが重なり、虚栄を張らず、分相応に生き、モノよりもコトに充足を見出す社会へと移行した。両陛下のたたずまいはこの日本のありようと共鳴してきた。外国から見ると、平和国家・日本のイメージは昭和の時代よりも平成になってより明確になったと言えるだろう。

ただ、一つ付け加えておかねばならないのは、慰霊の非対称性の問題を日本人がまだ解決していないことである。両陛下は外国訪問をすると、その国の戦没者を慰霊するが、外国の元首が来日した時、相互主義になっているはずの慰霊が行われない。A級戦犯が合祀されている靖国神社に外国の首脳は行かないからだ。もし慰霊のための施設が日本に整っており、その前で外国の首脳が献花し、深々と頭を下げるなら、遺族のわだかまりは軽くなり、戦後世代の日本人も感じるところがあるはずだ。その機会を日本人はもてていない。

外国の首脳が慰霊できるようにするには、いまのところ三通りの選択肢がある。靖国神社のA級戦犯の合祀取り下げ、または国立施設の建設、または暫定的に千鳥ケ淵戦没者墓苑を代替施設とする——である。いずれを選ぶにせよ、慰霊の非対称性を日本人は自分たちで解決しなければならない。天皇だけに慰霊の問題を任せておいていいはずはない。

残された中国とオランダ

過去の清算という意味で昭和天皇がやり残し、先の天皇が引き継いだことのもう一つに、中国、オランダへの国賓訪問があった。日本軍は一九四一年七月、仏印南部(現在のベトナム南部)に進駐。これに対して米(A)、英(B)、中国(C)、オランダ(D)は対日経済制裁を発動。四カ国の頭文字をとってABCD包囲網と呼ばれた。軍需物資である石油入手の道を断たれた日本は太平洋戦争に突き進んでいく。

戦後、四カ国のうち英国と米国は、昭和天皇がそれぞれ七一年と七五年に国賓として迎えられ、最終的な和解を果たした。残されたのが中国とオランダだった。中国とは七二年に国交を回復したが、中国国内の文化大革命が収束して改革開放に踏み出したのは七八年だった。八三年に来日した胡耀邦・中国共産党総書記は天皇の訪中を要請したが、昭和天皇は高齢で受ける状況になかった。

一方のオランダは、七一年に昭和天皇が欧州歴訪の一環として非公式で一泊だけ立ち寄られた。このとき両陛下は大々的なデモに迎えられ、車に卵や魔法瓶が投げつけられ、フロントガラスにひびが入る事態になった。また両陛下の宿泊したホテルは一晩中、デモ隊に囲まれた。

太平洋戦争の緒戦、日本軍はオランダの植民地だったインドネシアを占領。約九万人のオランダ人婦女子を含む民間人と、約四万人の戦争捕虜を強制収容所に入れた。戦争捕虜はビルマ（現ミャンマー）の鉄道建設や、日本に連行して炭鉱で強制労働に従事させ、食糧不足や風土病で約二万二〇〇〇人が亡くなった。こうした恨みが爆発したのだが、この一件は日本にとって深いトラウマとなった。

反対も強かった天皇訪中

中国は天安門事件（一九八九年六月）の後、日本に天皇の訪中を熱心に求めてきた。九一年六月、来日した銭其琛外相は「両陛下の訪中が実現すれば、中国人民は熱烈に歓迎する」と公式に訪中を要請。同年一二月に来日した田紀雲副首相も、翌年が日中国交回復二〇年の大きな節目になるとして宮沢喜一首相に天皇訪中を強く求めた。中国には天安門事件後の国際的な孤立を天皇訪中で打開しようとの思惑があった。このことは後に引退した銭外相も回想録で明かしている。

九二年一月、訪中した宮沢内閣の渡辺美智雄外相は銭外相との会談で「政府内で真剣に検討していく」と伝え、秋の訪中に向けて根回しが始まった。しかし実現に向けた障害は中国側というより、日本側、特に与党・自民党内にあった。

中国はこの年二月、尖閣諸島を中国領と明記した領海法を制定し、日本の中国侵略に対する中国国内の民間賠償請求の動きも活発になっていた。こうした状況で天皇が訪中することへの疑問のほか、「天皇陛下が政治的に利用される」ことへの慎重・反対論が自民党内の保守強硬派にあった。中国では改革開放を巡り保守派と改革派が綱引きをしており、天皇訪中を改革派への追い風とする狙いがあるとも見られていた。

一方、日本の世論は天皇訪中に肯定的だった。政府が非公式に行った世論調査では、訪中賛成七五%、反対五%、不明二〇%とされた。中国も尖閣諸島問題について、九二年四月に来日した江沢民・中国共産党総書記は〝棚上げ〟を強調し、日本側に配慮を示した。

宮沢首相は世論の支持を支えにしながら、天皇にかかわる事柄だけに党内の亀裂が広がるのを避けるため、慎重・反対派の説得に時間をかけた。最後の決め手としたのが有識者からの意見聴取だった。

同年八月一七、一八の両日、加藤紘一官房長官らが賛成派と慎重・反対派の有識者を招き、個別にヒアリングを行った。木村尚三郎・東大名誉教授、評論家の加瀬英明氏、平山郁夫・東京藝大学長、作曲家の黛敏郎氏ら一四人で、結果は無条件の賛成四人、条件付き賛成一人、消極的賛成二人、反対四人、無回答三人だった。記者団に木村氏は「(日中国交正常化)二〇周年は一番いいタイミング」、平山氏は「原則的に賛成」と述べた。反対の加瀬氏は「どうしても行くというのなら、おことばの中で(中国の)人権問題について不快感を表明してほしい」と述べた。

当時、外務省アジア局長だった池田維《ただし》氏は「あの有識者の意見聴取はよかったと思う」と振り返る。天皇訪中を閣議決定する前に、有識者の意見を聞いてガス抜きを図り、自民党内の慎重・反対派も矛《ほこ》を収めることができた。一週間後の八月二五日、政府は天皇、皇后両陛下の一〇月の訪中を閣議決定した。普通、両陛下の外国訪問は三カ月前には正式決定されるが、二カ月前というぎりぎりのタイミングだった。宮沢首相が慎重を期したこともあるが、いかに反対が強かったかがわかる。

「おことば」全文が人民日報に

一〇月二三日、天皇、皇后両陛下は国賓として中国を訪問した。その夜、人民大会堂で日中関係者約一一〇〇人が出席して歓迎晩餐会が開かれた。

楊尚昆・国家主席は歓迎のあいさつで、訪問を「中日関係史における大きな出来事」と述べ、「近代の歴史において中日関係に不幸な一時期があったため、中国国民は大きな災難を被《こうむ》りました。前のことを忘れず、後の戒めとし、歴史の教訓を銘記することは両国の根本的利益に合致します」と指摘した。

注目の答礼のおことばで天皇は、遣隋使、遣唐使の日中交流の歴史、中国文化に対する敬意と親近感に触れたあと、「永きにわたる歴史において、我が国が中国国民に対し多大の苦難を与えた不幸な一時期がありました。これは私の深く悲しみとするところでありますと述べた。この反省に立って日本は平和国家の道を歩むことを決意したこと、多くの人の努力で両国の広範な交流が深まっていることを指摘し、「この良き関係がさらに不動のものとなることを望んでやみません」と続けた。

天皇は「多大の苦難を与えた」「私の深く悲しみとするところ」との表現で、中国に与えた被害の大きさ、それに対する自身の思いに踏み込んだ。少年のときに三国志に興味をもったことや、李白の詩を引くなど、自分の体験も織り交ぜて官僚の平板な作文にはないトーンを貫いた。天皇自身は訪中に意欲をもっていたと言われ、極力、自分の言葉で気持ちを伝えようとしたとみられる。

席に戻った陛下に、楊国家主席が「陛下の温かいあいさつに感謝します」と語った。翌二四日、中国共産党機関紙の人民日報は、天皇のおことばと楊国家主席のスピーチ全文を並べて掲載した。賓客のスピーチ全文を載せるのは極めて異例で、天皇の訪中に高い評価を与え、国民を納得させようとしていることを窺わせた。

両陛下は北京では万里の長城や故宮博物院を訪れ、続いて遣唐使の阿倍仲麻呂ゆかりの西安に移動。最後の訪問地は上海だった。

上海の黄菊市長の歓迎晩餐会が終わった二七日夜、両陛下は外灘《ワイタン》、南京路などの市内を車で回った。助手席には両陛下の希望で蓮見義博・上海総領事が座った。蓮見氏は事前に宮内庁から「両陛下が市民の歓迎に心からお応えできるよう適宜スピードを下げてほしい」と要望されていた。

車が南京路に近づくと予想外の光景が目に入ってきた。道路の両側から押し寄せる市民を警備員が懸命に制止していた。幾重にも人が重なり、その顔はいずれも明るくにこやかで、「ホワンイン、ホワンイン（歓迎、歓迎）」の大合唱と大歓声と拍手が車を包んだ。蓮見氏の求めで、同乗する中国の護衛長も一〇キロ以下で徐行するよう運転手に指示。両陛下は手を振り続け、両陛下の姿が見えるようにと車内灯をつけると、一段と大きな歓声が起きた。道幅が狭いところでは窓外の市民と両陛下が一見握手をしているように見えたという。動員だけではこうはならなかっただろう。

「三〇万人もの上海市民が、各所で見せた多種多様な歓迎ぶりは本当に自然で、感動の連続であった。……ご親睦にお尽くしになる両陛下の御心と歓迎する市民の気持ちが溶け合って、信じ難い光景となった」と後に蓮見氏は述べている。

後日、歓迎準備責任者の上海市の趙啓正・副市長は「三〇万から四〇万人の市民が自発的に参加したことは異例だ」と蓮見氏に述べたという。

二八日夕、両陛下は帰国したが、その前日、同行記者との会見で「心のこもったもてなしを受け、人々と交わり、中国への理解を深めることができたと思います」と感想を述べた。

この中国訪問で私は一つの疑問があった。次に述べるオランダ訪問では戦没者記念慰霊塔での両陛下の献花・慰霊式が大きなハイライトだった。これは日本が大戦中のオランダ人の犠牲者や被害者に深く詫びる象徴的行為となるからだ。しかし両陛下は中国でこのような儀式には臨まなかった。先の池田氏に確かめると、「中国からそのような要望はありませんでした」「中国ではそのようなことは外交慣例となっていなかったと思います」と語った。

オランダ訪問の地ならし

最後まで残ったのはオランダだった。ある意味、国民に対するコントロールが利く一党独裁の中国と比べ、民主主義社会のオランダは自由である分、難しかった。皇室とオランダ王室は親密な交流を続けていたが、インドネシアからの引き揚げ者やその家族、遺族の日本への恨みは深く、訪問のきっかけはなかなかつかめなかった。中国は国内の不満を国が封じ込められた。しかしオランダは世論の動向に国王といえども配慮せざるを得ない。

昭和天皇の大喪の礼のとき、同国はファン・デン・ブルック外務大臣を参列させた。首相の出席さえも見合わせたのである。ベアトリックス女王は両陛下に手紙で「私が参列したかったのですが、両国のためにあえて自分が出席しない方がいいと判断しました」と説明している。自分の出席が国内の反日感情を煽ることを懸念したのだ。ただ、これに続く先の天皇の即位の礼には、ウィレム・アレクサンダー皇太子を参列させた。女王としては皇室との関係を考えた、思い切った決断だっただろう。

ベアトリックス女王が国賓として来日したのは一九九一年一〇月だった。このとき女王は晩餐会で異例の厳しい答礼スピーチを行った。旧日本軍がインドネシアで、オランダの兵士や一〇万人以上の民間人を抑留したことを、数字を挙げて「これは日本ではあまり知られていない歴史の一章です。多数の同胞が命を失い、帰国できた者も、その経験は生涯、傷跡となって遺《のこ》っています」「私たちはあの戦争の記憶を避けて通るべきではないと思います」と述べた。

実は晩餐会に先立つ両陛下との懇談の場で、晩餐会では厳しい内容のスピーチをすると女王は伝えていた。戦争中の出来事に言及しないと、かえって国内の反日感情を増幅するとの理由だった。女王の厳しいスピーチは、半分は自国向けであった。

国と国の政治的、心理的な和解は、国賓の相互訪問がなされて完結する。天皇の訪蘭の時期を探っていた両国政府は、オランダ船「リーフデ号」が豊後（大分県）に漂着してから四〇〇年にあたる二〇〇〇年に目標を置いた。この年、日蘭交流四〇〇年の記念行事が開かれることになっていた。

オランダ政府から正式な招待状が届いたのは九七年だったが、その前から両国のノドに刺さった骨を取り除く努力がなされていた。オランダの引き揚げ者団体は日本政府に個人補償を求めて九四年末から毎月、ハーグの日本大使館前で抗議のデモを行っていた。同じころ赴任した佐藤行雄大使は、代表者を大使室に招き入れ、対話をもった。最初はぎこちなかったが、次第に本音で話し合うようになり、信頼を醸成していった。この被害者との対話は九六年に新たに赴任した池田維大使に引き継がれ、日本側にとって引き揚げ者の本音を知るパイプとなった。

動いたベアトリックス女王

村山富市内閣がアジアの国を対象に始めた「平和友好交流計画」には、戦争被害者とその家族を日本に招く事業があり、これをオランダにも適用すべきとの池田大使の進言も認められた。日本人家庭にホームステイして、いまの日本を見てもらおうとの趣旨の事業だったが、地味ながらオランダの市民感情を解きほぐすのに役立った。

高校生の孫が日本で一カ月、ホームステイした元引き揚げ者は、池田大使に「孫から日本の体験を聞き、日本と自分の間の戦争はこれで終わったという気持ちになれました」という手紙を送ってきた。

元慰安婦問題も大きな課題だった。村山内閣は一九九五年に「アジア女性基金」を設立し、韓国、フィリピンなどアジアの国の元慰安婦を対象に「償い事業」を進めていた。しかしインドネシアを占領した日本軍の慰安所ではオランダ人の女性約二〇〇人が慰安婦として働いていた。池田大使はオランダも「償い事業」の対象とするよう本省に求め、認められた。

この事業は最終的にオランダ人七九人を元慰安婦〈うち四人はホモセックスの相手をさせられた男性〉と認定し、一人当たり約三〇〇万円の医療・福祉支援を行った。物品とお金は一人ひとりに手渡されたが、その際、橋本龍太郎首相（当時）の署名の入ったコック首相宛てのお詫びの手紙のコピーも添えられた。深い自責の念を表明したこの手紙に、元慰安婦の人たちは「自分たちの苦しみを日本政府はやっと認めてくれた」と喜んだという。

ベアトリックス女王も両陛下の訪蘭を成功させるために動いた。この償い事業にオランダ側の責任者としてかかわった退役将軍のホベルト・ハウザー氏はある日、王宮に呼ばれ、あるミッションを女王から依頼された。両陛下が戦没者記念慰霊塔に献花するとき、脇を固める随従役を引き受けてほしいというのだ。

ハウザー氏はインドネシアで生まれ、少年時代、日本軍の強制収容所で四年間を過ごした。一緒に収容所にいた母親は、栄養失調で終戦の間際亡くなった。戦後、帰国すると親戚に育てられ、陸軍士官学校に入学。陸軍で九〇年までの一四年間、陸軍大将を務めた。人望があり、引き揚げ者たちのまとめ役だった。

同氏はその場で女王の申し出を受諾した。「私が日蘭の懸け橋になるようにと、女王から役割を授けられたと思いました」と当時インタビューした私に語っている。

もう一人の随従役も引き揚げ者で作る被害者団体の会長が引き受けた。オランダの世論は王室派と共和派に分かれており、引き揚げ者は多くが王室派だった。その女王が引き揚げ者に両陛下を守る随従役を依頼したことは、両陛下を迎える女王の決意を国内に示すことになった。

天皇の深く長い黙禱

二〇〇〇年五月二三日、天皇、皇后両陛下が国賓として四日間の日程でオランダを訪問した。アムステルダムのスキポール空港でベアトリックス女王と夫君クラウス殿下が出迎え、歓迎式典が行われた。

宿舎のアムステルダム王宮でコック首相らに引き合わされた後、両陛下は訪問で最大の焦点となる戦没者記念慰霊塔の献花式に臨んだ。王宮向かいのダム広場にある慰霊塔は、共和制時代（一六～一八世紀）のタウンホールの建物でぐるりと囲まれている。池田維大使が準備段階で地元警察に確認したところ、窓は約二〇〇〇あった。もしその一つから誰かが天皇訪問反対の垂れ幕を出したり、拡声器で叫んだりしたら、式は台無しだ。「献花式の間だけ窓を開けないようにできないですか」と池田大使は聞いた。警察の幹部は「ここは民主主義国ですよ」と返した。

深く長い黙禱

ダム広場には儀仗兵が威儀を正し、王女夫妻、コック首相らが整列した。約二五〇〇人の市民が遠巻きに見守っていた。テレビも現場中継していた。静寂の中、軍服の礼装姿のハウザー氏らに脇を守られた両陛下は一礼すると、慰霊塔に進み出て花輪を供えた。続いて深く黙禱した。

長い黙禱だったと、そこにいた何人もが語っている。ハウザー氏は「収容所で私は毎朝、日本の方に向かって皇居遥拝をやらされた。その天皇が私の横で、オランダ人の犠牲者に真摯に黙禱を捧げられている。私には忘れられない光景だった」と筆者に振り返っている。献花式が終わった時、張り詰めた空気がほどけ、静かな感動が広がった。ベアトリックス女王は周りの人に、いかに一分間が長く感じられたか語り、その眼には涙が光っていたという。

その夜、王宮で持たれた晩餐会にはハウザー氏らインドネシアからの引き揚げ者も何組か招かれ、食事前に両陛下に引き合わされた。女王は歓迎スピーチで、両国の四〇〇年の交流は特別のもので、五隻のうちリーフデ号（オランダ語で「愛」）だけが漂着したことは、両国の交流は愛のもとに始まったこと、しかしすべての事実がこれに照応したわけではなく、第二次大戦で多数のオランダ人が被害者になったこと、戦争末期には日本国民も恐ろしい結果に見舞われたことに触れた。その上で、ある賢人の「歴史の役割は、思い出すことのみでなく、将来への意味を与えることにある」という言葉を引いた。日本の国民の被害にも言及したスピーチは一九九一年の訪日のときより、ずっと穏やかだった。

天皇は答礼のおことばで、先の大戦は「誠に悲しむべきこと」であり、いまなお戦争の傷を負い続けている人に「深い心の痛みを覚えます」と語った。その上で「戦争による心の痛みを持ちつつ、両国の将来に心を寄せておられる貴国の人々のあることを……決して忘れることはありません」と述べた。ハウザー氏ら戦争被害者でありながら、両国のために尽力している人たちを念頭においたものだった。

「中国訪問は良かったと思いますか」

四日間の滞在中、両陛下には女王が同行し、さもなければ妹のマルグリート王女が付き添い、「両陛下は私の客人」ということを無言で伝えた。また戦没者記念慰霊塔での黙禱、晩餐会のおことば、両陛下と市民の交流など、新聞、テレビの論調は好意的なもので溢れた。デモがなかった訳ではない。個人補償を求める人々はプラカードを掲げて静かなデモを行った。警官と小競り合いになったこともあったが、それ以上の騒ぎにはならなかった。

オランダ滞在最終日の朝、池田大使は両陛下との内輪の朝食で、天皇からこう尋ねられた。「池田さんは中国訪問のとき、いろいろ働いてくれましたね。中国訪問は良かったと思いますか」。先にも触れたが、池田氏はアジア局長として両陛下の訪中を指揮した。

天皇からのこういう質問は極めて異例のことで、池田氏は両陛下のオランダ訪問の二年前（一九九八年）に、江沢民国家主席が国賓として来日し、宮中晩餐会で歴史問題を取り上げて日本を批判したことが天皇の念頭にあったのではないかと推測した。

天皇は自分たちの行ってきた国際親善活動が、日本とその国の良き関係を促進すれば嬉しいし、逆であれば「自分たちがやったことは何だったのか」と自問自答するだろう。その頭には関係がぎくしゃくしていた日中関係全般があったはずだ。

池田氏はどう答えたのか。

「『行っていただいたことは良かったと思います。当時の宮沢内閣の決定でした』とお答えしました」

ちなみに二〇一七年一二月、中国外務省の耿爽《こうそう》副報道局長は天皇の退位日が決まったことに絡む質問で、天皇の訪中について「中日関係を発展させるために前向きの貢献をされた」と述べた。これについて池田氏は「これまで中国が総括的に天皇訪中にコメントしたことはなく、天皇退位に当たり、その歴史的な意義を認める公式の結論を定めたのでしょう」と語る。

転機となったオランダ訪問

両陛下のオランダ訪問はどういう意味を持ったのか。

池田氏は「日蘭が新しい章に進むことができたのは、その後の十数年の関係を見れば明らかです。個人の感情は一朝一夕には変わりませんが、二〇〇〇年を境に社会レベルでは過去の問題を乗り越えたと言っていいと思います」と指摘する。

私は具体的な問題でそれを感じる。安倍晋三氏は第二次政権の発足前（二〇一二年九月）、「（元慰安婦問題で強制性を認めた）河野談話を見直す必要がある」と述べ、韓国との歴史問題に火に油を注いだ。オランダの元慰安婦問題を以前から取材していた私は、韓国内の安倍非難の合唱がオランダ国内にどう影響するか注視していた。

もしオランダの世論が韓国と連動するようなことになれば、欧州各国に「歴史をまだ反省しない日本」という言説が伝わり、欧州連合（EU）が黙っていないだろう。そうなると米国も巻き込むのは必至だ。

しかしオランダ国内ではさざ波が立ったものの、政治・社会問題となることはなかった。元慰安婦問題に一定の決着をつけた両陛下のオランダ訪問は疑いなく日蘭関係を固めた。

もう一つ、慰霊の旅との関係だ。このオランダ訪問に両陛下は少なからず手ごたえを感じたのではないかと思う。外国を訪問し、慰霊と追悼を重ねていくことで日本の真摯な気持ちを伝えていく、そのやり方についての手ごたえだ。両陛下が初の外国での慰霊の旅となるサイパン訪問に踏み切るのはオランダ訪問の五年後で、この訪問が大きな自信になったと言えはしないだろうか。

第三章　スペイン王室と昭和天皇の知られざる交流

一外交官の執念

外務省の日本・スペイン両国交流史の資料には、交流の起点として三つの出来事が記されている。

一五四九年のキリスト教宣教師の聖フランシスコ・ザビエルの日本への渡来。

一五八四年、天正遣欧少年使節団がローマに向かう途次、スペインの首都マドリードで国王フェリペ二世に謁見し、歓待を受ける。

一六一五年、支倉常長率いる慶長遣欧使節団がスペイン国王フェリペ三世に謁見。

しかしその後は明治の開国期を除き、両国の交流は一気に戦後に飛ぶ。戦前は全く空白になっていた。この穴を埋めたのは、昭和天皇が宮中晩餐会で語ったエピソードを聞き逃さなかった一外交官の執念だった。

二〇一七年四月四日から七日まで、スペイン国王フェリペ六世（四九歳＝当時）とレティシア王妃（四四歳＝同）が国賓として来日した。フェリペ六世は、国王だった父フアン・カルロス一世の退位に伴い一四年、王位に就いた。

皇室とスペイン王室の親密な交流は、両国の友好関係を支える重要な要素となっている。フェリペ六世は皇太子時代に愛知万博などの機会を利用して三回来日しており、先の天皇、皇后にとっては息子のような存在だ。国王即位後の初来日に、両陛下は五日、歓迎の宮中晩餐会を催した。

メニューは次のようなものだった。

清羹《すまし》　ツバメの巣
アマダイ　シャンパン蒸し
羊の腿肉のロティ
季節のサラダ
富士山型アイスクリーム
果物

モンラッシェ　1998年
シャトー・マルゴー　1995年
シャンパン　ドン・ペリニョン（モエ・エ・シャンドン）　1999年

フランス料理に最高級フランスワインという宮中晩餐会の定番である。和気あいあいとした雰囲気で進んだ晩餐会の、約一五〇人の招待客の中に前国連大使の吉川元偉《もとひで》夫妻がいた。吉川氏はこの年の三月に外務省を退官したばかりで、国際基督教大学特別招聘教授になっていた。

スペイン語が専門の吉川氏が国賓であるスペイン国王を歓迎する宮中晩餐会に出席するのは三回目。一国の元首の宮中晩餐会に三回も出席するのは外務省職員でも珍しい。一回目は一九八〇年一〇月、国王フアン・カルロス一世、ソフィア王妃が来日したときで、まだ昭和の御代だった。

この五年前の七五年、三六年にわたって専制政治を行っていたフランコ総統が死去。王制が復活し、同総統の後継者に指名されていたフアン・カルロス王子が国王フアン・カルロス一世として即位した。

フランコに忠実な後継者と見られていた国王だったが、即位すると西欧の他の立憲君主国に倣《なら》って民主化を推進。集会・結社・労働組合結成の自由を認め、政治犯の釈放を進めた。七九年には新憲法に基づく初の総選挙が行われた。八〇年に来日したとき国王は四二歳。新しいスペインを象徴する開明的な立憲君主として、日本で温かく迎えられた。

このとき吉川氏は皇太子妃だった美智子さまのスペイン語通訳に指名され、その延長で晩餐会のお相伴にも与《あずか》った。もっとも肝心の通訳の方は、美智子妃が完璧な英語でスペイン側出席者と話したため、吉川氏は傍に控えるだけに終わり、出番はなかった。

国王の訪日から四カ月後の八一年二月、スペインの軍右派がクーデターを企てた。議会を占拠し、フランコ時代の権威主義的体制への復帰を要求した。しかしフアン・カルロス一世は断固拒否し、クーデターは未遂に終わった。

国賓としての国王の二回目の来日は二〇〇八年一一月で、吉川氏は駐スペイン大使だった。訪日にあわせて、吉川氏は接伴員として一時帰国し、先の天皇と美智子妃が主催した宮中晩餐会に出席した。そして前述の二〇一七年の晩餐会では既に外務省を退官していたものの、スペインとの関係の深さから招かれたのである。

「あなたのおじいさんにごちそうになった」

吉川氏が戦前の皇室とスペイン王室のエピソードを調べることになるきっかけは、国王夫妻の一回目の来日のときだった。日本滞在中、フアン・カルロス一世と昭和天皇との間で次のようなやりとりがあった。

昭和天皇「私はあなたのおじいさんにごちそうになったことがあります」

国王「いつですか」

昭和天皇「私は若いころ欧州を歴訪しましたが、パリに滞在していた時、あなたのおじいさんから昼食会に招いていただきました。スペイン大使公邸で何を食べたか、今も覚えています。お米の料理でした」

国王「パエリアだったのではなかったですか」

国王の滞在中、昭和天皇は二度にわたって同じ話をしている。一度目は、迎賓館での歓迎式典を終え、皇居に移動する車中。二度目は同じ日の夜、晩餐会が終わったあと、食後酒を傾けながらの歓談のひとときだ。よほど思い出深い出来事として昭和天皇の記憶に残っていたのだろう。

このやりとりが間接的に吉川氏の耳に入った。昭和天皇は皇太子だった一九二一年三月から九月までの半年間、欧州を歴訪している。当時のスペイン国王はアルフォンソ一三世(一八八六~一九四一年)で、フアン・カルロス一世の祖父に当たる。

皇室とスペイン王室の間に戦前にさかのぼる関係があったことは知られておらず、吉川氏も驚いた。スペイン担当の同僚たちも初耳だった。国王に同行していたスペイン側の随員にたずねても「両国の皇室・王室がそんな古くに交流があったとは知らなかった」との答えが返ってきた。

このエピソードは吉川氏の頭に強く残った。なぜ昼食会が持たれたのか。それまでに日本とスペインの間でどのようなやりとりがあったのか、昼食会ではどのような話題が交わされたのか……。

スペインに赴任する外務省の同僚に昼食会のことを伝え、調べてみてはと勧めもした。しかし何の音沙汰もないまま歳月が過ぎた。

吉川氏が自分でこのことを調べようと決めたのは二〇〇六年、自身が駐スペイン大使に任命されてからだ。それは氏が大使として自分に課したミッションの一つ、「皇室とスペイン王室の関係を深める」こととも関係していた。

二つの課題

皇室とスペイン王室の関係強化で吉川氏がやりたかったことは二つあった。一つは、二〇〇八年に予定されていたサラゴサ国際博覧会に徳仁皇太子に来てもらうこと。二つ目は、フアン・カルロス一世にもう一度、国賓として日本を訪問してもらうことだった。ただいずれもすんなりとは行かない事情があった。

徳仁皇太子は特定のテーマに絞った認定博（旧・特別博）に行った前例がない。サラゴサ万博は認定博で、テーマは「水と持続可能な開発」。外務省の知り合いに可能性を聞くと「それは無理です」と言下に言った。

しかし吉川氏は諦めなかった。調べると、一回だけ天皇、皇后両陛下が訪れたことがあった。一九九八年に英国とデンマーク訪問の途中、ポルトガルに立ち寄り、リスボン国際博覧会（九八年五月二二日〜九月三〇日）を訪れている。テーマは「海、未来への遺産」の特別博だった。

日葡両国は歴史的には一六世紀の南蛮貿易に遡る古い関係を有している。しかし戦後は九三年に高円宮がポルトガルを訪問し、同国からソアレス大統領が国賓として来日したものの、両陛下は答礼訪問していなかった。このため万博開催の機会をとらえて訪れたという事情があった。ただ認定博に行った事実は事実としてあった。

もう一つ、吉川氏が外務省と宮内庁を説得する材料として使ったのが、フェリペ国王が皇太子時代の〇五年に、愛知万博を訪れるため来日していることだった。「この返礼として徳仁皇太子もサラゴサ万博を訪れるべきだ」と吉川氏は主張した。

こうした説得が効いて、皇太子は〇八年七月一六日から二二日までスペインを訪問した。

マドリードでは国王夫妻が住居のサルスエラ宮殿で夕食会を開き、フェリペ皇太子夫妻も市内の美術館に皇太子を案内し、国王とは別に夕食会を持つなど歓待。サラゴサ万博では皇太子は「水との共存――人々の知恵と工夫」のタイトルで特別講演を行った。

もう一つの、フアン・カルロス一世の訪日で引っかかったのは「二〇年ルール」だった。基本的に同じ元首を国賓として二〇年間は迎えない、二〇年たったら検討してもいい、というルールである。

同国王の場合は二八年たっていたからすんなり認められたかというと、そうではなかった。「いまどうしても招く必要があるのか」という意見があったからだ。

天皇が招く国賓は年二人分の予算が組まれている。ウェイティング・リストにある国賓候補は少なくないのに、それらの候補を押しのけてまですでに来日しているスペイン国王を招く必要はあるのか、との意見だった。

国王とソフィア妃夫妻は一九六二年の新婚旅行以来、六回来日している（最後は九八年の長野冬季オリンピック観戦で来日）。天皇も皇太子だった五三年に初めてスペインを訪問して以降、四回訪れている。こうした半世紀近い親交に加えて、天皇、皇后両陛下と国王夫妻は年齢も近い。国王夫妻を再び国賓として招くことで、皇室とスペイン王室の関係がより緊密になる――こうしたことを吉川氏は説明し、最終的に認められた。訪日は皇太子のサラゴサ万博訪問の四カ月後の二〇〇八年一一月となった。

ちなみにこの「二〇年ルール」にもかかわらず二度、日本に国賓で招かれた元首はフィリピンのマルコス大統領。昭和天皇のときで、六六年と七七年に来日している。

一九二一年の昼食会

吉川氏がアルフォンソ一三世の昼食会について自分の手で明らかにしようと決めたのは、皇太子のサラゴサ万博訪問、フアン・カルロス一世の国賓訪問というビッグイベントより前に、皇室とスペイン王室の交流史として確定し、外務省の資料に書き込みたかったからだった。

マドリードに赴任した吉川氏は、大使館員も動員してスペイン側資料を調べはじめた。すると興味深い事実が明らかになった。

一九二一年六月二七日、裕仁皇太子の訪欧に随行していた閑院宮載仁《かんいんのみやことひと》親王と珍田《ちんだ》捨巳《すてみ》伯爵がパリのスペイン大使公邸でアルフォンソ一三世から昼食の供応を受けたことが分かった。裕仁皇太子もいたかどうかは不明だったが、大きな手掛かりを摑んだ。

マドリード郊外には外交文書館がある。ここのスペイン人館長に便宜を図ってもらい、二一年六月二七日前後の駐仏スペイン大使からの本国宛て公電を日本大使館員に集中的に漁《あさ》らせた。吉川氏は「一日中いていいからお土産をもって帰って来て」と言って館員を送り出した。すると昼食会に関する公電とともに、当時の新聞の切り抜きが多数見つかった。ここから浮かび上がったのは次のような事実だった。

裕仁皇太子は二一年三月、御召艦「香取」で横浜港を出港し、欧州諸国歴訪に出発。九月に横浜港に戻るまで、英仏を中心に欧州六カ国を回った。最初の英国訪問を終えてパリに入ったのは五月三一日。翌六月一日はエリゼ宮でミルラン大統領主催の午餐会が開かれ、二日には日本大使公邸で石井菊次郎駐仏大使主催の外交団を招いた晩餐会がもたれた。

ここにはスペインのキニョネス駐仏大使も出席した。皇太子は通訳を介し、同大使に「初めての欧州旅行で貴国に行くことを希望していたが、時間がないため実現できないことを非常に残念に思っており、その旨を国王陛下にお伝えいただきたい」と述べた。同大使は「我が国王陛下と政府も同様に、非常に残念に思うでありましょう」と答えた。

ところがそれから三週間後の六月二三日になって、英国滞在中のアルフォンソ一三世が帰国の途中、一晩だけパリに立ち寄るという情報が日本大使館にもたらされた。二六日夕方、パリに到着し、一泊だけして二七日夜にスペインに発つとのことだった。

皇太子は二七日、仏北東部にあるランス視察の予定が入っていたが、それを変更してでもアルフォンソ一三世にごあいさつしたい旨、側近に伝えた。これに基づき松田道一《みちかず》臨時代理大使がスペイン大使に申し入れを行った。

その結果、二七日午後、ベルサイユ宮殿で行われる展覧会会場で、皇太子が国王に偶然会った形で面会することが両国間で決まった。

ところが前日の二六日になって、キニョネス大使から日本側に「国王は打ち解けた面会を希望されている」と、スペイン大使公邸で昼食会をセットすることが伝えられた。ベルサイユ宮殿での会見は変更され、アルフォンソ一三世が裕仁皇太子を非公式な昼食会に招待することになったのだ。

第一次世界大戦でのスペインとの縁

裕仁皇太子がランス行きを変更してまで国王との直接の面会を希望したのはなぜなのか。吉川氏はこう推測する。

「第一次世界大戦でスペインは中立を保ち、日本の敵国ドイツにおける日本の利益代表を務めました。一九二一年当時、戦争が終わってまだ三年しかたっておらず、日本にとってスペインの存在は大きかった。公電を読むと、日本側も裕仁皇太子のスペイン訪問の可能性を探った形跡があります。しかし日程の都合上、断念せざるを得なかった。皇太子は自分の気持ちを国王に直接伝えたかったのではないでしょうか」

皇太子の乗った御召艦「香取」は、英国に着く前の四月三〇日から五月三日までの四日間、スペイン南端のジブラルタルに投錨した。ジブラルタルは英国の海外領土で、皇太子に敬意を表するため英総督ら要人が多数来艦した。

実はジブラルタルに着いた時点で、皇太子が英仏両国を訪問することは決まっていたが、それ以外は未定だった。

皇太子の欧州歴訪に際しては、大戦後の欧州の治安の乱れもあって、その身の安全を心配するグループと、皇太子にはなるべく広く世界を見てもらいたいと考えるグループの綱引きが日本政府内と宮中であった。

一方、欧州各国にある日本の在外公館からは、訪問要請の電報が東京に殺到していた。例えば駐伊の落合謙太郎大使は「大戦中の同盟国のイタリアを訪問せず、英仏のみを訪れれば悪影響をもたらす」と報告。オランダ、ベルギーの在外公館からも同様の電報が届いていた。

翌々日は英国に向けてジブラルタルを出港するという五月一日夕、訪問国について最終決定を下すため、皇太子も加わって随員一行の協議が持たれた。皇太子はなるべく多く回りたいという気持ちを抱いていたが、この場で英仏以外に訪問する四カ国（ベルギー、オランダ、イタリア、バチカン）が決定された。

スペイン訪問の是非も議論されたことは想像に難くない。ドイツにおける日本の利益代表を務めた国である。スペインの在外公館からも訪問要請があっただろう。しかし日程上、落とさざるを得なかった。

実は「香取」がジブラルタルに停泊中、スペイン政府の高官も来艦している。単なる表敬訪問ではなく、皇太子にスペイン訪問の計画があるかどうか打診したと思われる。

仏ペタン元帥が出席した理由

さて六月二七日のスペイン大使公邸での昼食会である。

皇太子は午後一時二〇分、フロックコートを着用して宿泊している日本大使公邸を出発した。当時、スペイン大使公邸はパリ一六区のクレベール通りにあり、日本大使公邸からせいぜい一〇分か一五分の距離である。

到着すると、アルフォンソ一三世は抱擁の礼をもって皇太子を迎えた。皇太子は面会がかなったことと、招待に感謝を表明し、日程の都合上、スペイン訪問がかなわないことのお詫びを伝えた。国王は招待を受けてもらったことの礼を述べ、打ち解けた会見を行うために昼食会にしたと説明した。

同行者は日本から閑院宮載仁親王（五五歳＝当時、以下同）、珍田捨巳伯爵（訪欧供奉長、六四歳）、山本信次郎（東宮職御用掛、海軍大佐、四三歳）、松田道一（駐仏日本臨時代理大使、四五歳）の四人。

閑院宮は首席随員に当たる「随伴」として皇太子の訪欧に随行していた。閑院宮は一七歳だった一八八二年から九年間、フランスに留学し、サンシール陸軍士官学校、ソミュール騎兵学校、陸軍大学校を卒業。フランス事情に通じ、フランス語に堪能だった。五年前の一九一六年には、日露関係強化のため大正天皇の命で一カ月近くロシアを訪問している（第四章で詳述）。

珍田は外務省で駐米、駐英大使を歴任し、駐英大使のときに第一次大戦後のパリ講和会議にも参加している。訪欧では供奉員を束ねる責任者の供奉長だった。山本は海軍軍人で、一九一九年から東宮職御用掛を務めていた。珍田は職業柄、英語が得意で、山本はフランス語に堪能だった。

スペイン側の出席者は国王随員とキニョネス大使。さらに「ホスト国」のフランスからもペタン元帥とフキエール外務省儀礼部長が陪席した。

興味深いのはフランス側の顔触れだ。外国の賓客の世話係である儀礼部長が同席するのは分かるが、なぜペタン元帥なのか。

フランス政府は皇太子がベルダンなど第一次大戦の戦跡と周辺都市を三日間にわたって視察するにあたって、大戦の英雄ペタン元帥を案内役に付けた。戦場でフランス軍を指揮し、ドイツ軍の進撃を食い止めた同元帥に、直接に戦闘の模様を説明させるためだが、仏政府がいかに将来の日本の天皇である皇太子の訪仏を重要視していたかが分かる。

フランスはインドシナを植民地にしていて、本国から遠く離れた植民地経営にあたってはアジアの大国にのし上がった日本との安定した関係を必要としていた。

スペインにとってもペタン元帥はキーパーソンだった。当時、フランスとスペインはモロッコを植民地としていたが、仏西両国の支配に反対するモロッコ人の反乱が度々起こっていた（リーフ戦争）。これにどう対処するか、スペイン軍部はフランスの政界にも大きな発言力を持つペタン元帥と緊密に連絡を取り合っていた。

同元帥が訪仏した皇太子の案内役を務め、皇太子とも親しい関係にあったことは、元帥を昼食会に招くに十分な理由となり、スペインにとって渡りに舟だっただろう。

食事中、いろいろな話題が取り上げられた。日本の事情を理解している国王は日露戦争のことも話題にし、閑院宮もフランス語で日露戦争について話したという。午後三時ごろ、皇太子一行は大使公邸を辞去した。昼食会は一時間二〇分ほどだったと思われる。

この夜、アルフォンソ一三世はパリ・オルセー駅から列車でマドリードに向けて出発した。皇太子は珍田を名代として駅頭に差し向け、国王を見送った。また大正天皇は七月一日、スペイン国王宛に礼電を発し、皇太子がパリで午餐のもてなしを受けたことの礼を伝えた。

一九年後、ビシー政権で

ところでペタン元帥のスペインとの関係は後に思わぬ形で生かされることになる。本筋から離れるが、余り知られていないエピソードなので紹介しておこう。

一九三九年三月、ペタン元帥は仏政府から駐スペイン大使に任命される。そもそも元帥まで上りつめた高齢の人物（八二歳＝当時）が大使になること自体稀有《けう》だが、そこにはフランスの置かれた苦しい立場があった。

スペインでは三六年、左派の人民戦線政府に対してフランコを中心とする軍部がクーデターを起こし内戦に突入した。ドイツのヒトラーやイタリアのムッソリーニはフランコを支持し、その援助もあってフランコは支配地域を拡大した。三九年一月にはカタロニア州の州都バルセロナを落とし、事実上支配権を確立した。

当初、仏政府は自分たちの立場に近い人民戦線政府側を支援していたが、フランコが優勢になるに従い憂慮を深めた。東からはドイツの軍事的圧力がジワジワと高まっていた。ヒトラーの支援を受けたフランコ政権がスペインに誕生すると、フランスは南からも圧力を受け、挟撃されることになる。

これを打開するため三九年二月、仏政府はフランコ側を正当な政権として承認し、翌三月、スペイン軍部に太い人脈をもつペタン元帥を駐スペイン大使に任命したのだった。元帥はフランコ（当時総統）と何回か面会し、スペインのフランスに対する中立の維持を懇請。フランコ側は中立を維持する条件として、人民戦線政府がフランスに移した金塊の返還と、人民戦線派が国境を越えてフランス側に逃亡するのを防ぐため、国境管理の厳格化を要求した。仏政府はこれを受け入れる。

これから間もない三九年九月一日、ドイツのポーランド侵攻によって第二次大戦の幕が切って落とされた。四〇年五月、ドイツ軍のフランス侵攻によってペタン元帥はパリに呼び戻される。そして首相となって対独講和を主導し、対独宥和《ゆうわ》政権の首班となったことはよく知られている（仏中部のビシーに拠点が置かれたためビシー政権と呼ばれた）。

第二次大戦中、日本はビシー政権と外交関係をもち、日本大使館をビシーに置いた。日本大使は昭和天皇の信任状を携えて赴任し、ペタン元帥に手渡した。昭和天皇とペタン元帥は二一年のときとは違った形で関係を結んだのである。

力の入った答礼宴

スペイン大使公邸の昼食会に戻ろう。

吉川氏がこの昼食会のエピソードの全容を知ったのは、ファン・カルロス一世が国賓として日本を訪れる一カ月前の二〇〇八年一〇月だった。その三カ月前、皇太子がサラゴサ万博出席のためスペインに来たときはメモで説明したが、国王訪問前に詳細を外務省の日西関係資料に入れた。

接伴員として一時帰国した吉川氏は、数日後に迫った国王の訪日について、この資料を使って両陛下に説明した。天皇も父・昭和天皇の若き日のエピソードに感慨深かったのではないだろうか。

ファン・カルロス一世、ソフィア王妃が一一月九日、国賓として来日した。一〇日には宮中晩餐会がもたれ、翌一一日には国王夫妻は答礼の晩餐会を明治記念館で開いた。
答礼晩餐会には両陛下、皇太子のほか、秋篠宮、常陸宮の両ご夫妻など皇族多数が出席したほか、両国にかかわる政財官界、文化芸術関係者など出席者は三八〇人に上った。当初、招待者は二〇〇人の予定だったが、大幅に膨れ上がった。

「堅苦しくない宴に」とのスペイン側の意向で、招待者を迎えるレシービングラインもスピーチも省かれた。食事に先立ち、国王に同行したスペイン屈指のマリア・パヘス舞踊団の男女九人の踊り手と、四人の楽器奏者が迫力溢れるフラメンコを披露し、広間を熱気に包んだ。
食事に移ると、メニューは次のような内容だった。

スペインのタパス七種
ひらめとホタテのロメスコ・クリームソース
和牛のロースト、ぶどうのソース、根菜のテリーヌ
スペイン風デザート

ドライシェリー　フィノ　ラ・イナ
ライマット・シャルドネ　2007年
アイオン・レゼルヴァ　2005年
シェリー　ペドロ・ヒメネス1827

この料理を作ったのは日本在住のスペイン人シェフ、ジョセップ・バラオナさん。バラオナさんは一九六六年、スペインのカタロニアに生まれた。九一年、東京にあるスペイン料理のレストランのシェフとして来日。その後、自身のレストランを開いて大きな話題となり、愛知万博ではスペインのパビリオン内のレストランを担当し、万博来場者のレストランのアンケートで一位をとった。

料理人に声をかけた両陛下

答礼宴の料理は本国の王室儀典長直々の依頼だった。王室が求めたのは前菜、魚、肉、デザートの四品とすることで、バラオナさんは儀典部門とメールのやり取りをしながらメニューを決めた。

前菜のタパスはスペインで「おつまみ」の意で、小皿で出されるさまざまな冷製、温製料理。バラオナさんはスパニッシュ・オムレツ、イベリコハム、ミニトマトとアーモンドのつまみなど、ひと口サイズのタパスを七種用意した。

肉料理は、イベリコ豚、和牛のいずれにするか儀典長に判断を仰いだ。王室は和牛を選択した。付け合わせの根菜のテリーヌは、ビーツ、ムラサキイモ、赤・黄色のニンジンを薄切りにして、卵黄、牛乳、クリームを合わせたものにつけ、段重ねにして焼いた手の込んだ一品。

デザートはひと口大のものを九種類。お米の甘煮、フルーツ四段重ね、栗とチョコレートのケーキ……。

飲みものは王室が決めた。タパスに合わせてドライシェリー。魚料理に白ワインのライマット・シャルドネ、肉料理に赤のアイオン・レゼルヴァ、デザートにはペドロ・ヒメネスと、各料理に合うワインを揃えた。

バラオナさんは三八〇人の招待客に対応するため明治記念館の料理人に加え、知り合いの料理人にも声をかけ、六八人を集めた。これを四チームに分け、各チームが一〇〇人を担当。さらにチームの中で前菜、魚、肉、デザートと受け持ちを決めた。

王室の儀典担当者はこれだけの招待客をこなせるか心配したそうだ。筆者の取材にバラオナさんはこう語っている。

「最初、儀典担当者は心配そうに厨房で見ていましたが、何の混乱もなく、予定通り終わったので驚いていました。私は日本人の規律正しさを知っていましたから、まったく心配していませんでした。こういうとき日本人は信頼できます」

天皇、皇后両陛下はよほど満足したのだろう、帰るとき、見送るバラオナさんに「大変美味しかったです」「あれはどうやって作られたのですか」と話しかけた。バラオナさんが答えると「日本語がお上手ですね」と言われた。

「美智子妃が私の手を握ったままなので、失礼にならないかドキドキしました」とバラオナさんは筆者に語った。

国王夫妻は翌一二日、両陛下の案内で「お召し列車」を利用して茨城県つくば市を訪問し、宇宙航空研究開発機構の筑波宇宙センターを視察。一三日には東京の日程を終えて新幹線で京都に移動し、京都見物をして一四日、帰国の途に就いた。

見つかった九〇年前のメニュー

皇太子のスペイン訪問、国王夫妻の来日、戦前における皇室とスペイン王室の交流の解明と、日西両国の友好に小さくない役割を果たした吉川氏だったが、解明できないことが一つあった。どのような料理がスペイン大使公邸の昼食会で出されたのかだ。これはスペイン側資料からも出てこなかった。

昭和天皇は「お米の料理」と言い、ファン・カルロス一世は「パエリアではないか」と推測した。しかし吉川氏には「国王主催の昼食会で、パエリアのような庶民料理が出るだろうか」という疑問があった。

同氏はスペインでの調査と並行して、宮内庁の書陵部に連絡し、この昼食会のメニューを調べてくれるよう依頼していた。書陵部では『昭和天皇実録』のための資料整理が行われていた。

メニューが見つかったと連絡があったのは国王の訪日から四年後の二〇一二年、吉川氏は経済協力開発機構（OECD、本部・パリ）の日本大使をしていた。フランス語で書かれたメニューで、日本側が保存資料としてメニューの上部につけた注記には「西班牙國大使館ニ於ケル御會食ノ御献立」とある。

卵、プリンセス風
オマール海老のアメリカ風、カレー味のお米
骨付き仔羊、グリンピースとジャガイモのシャトー
肥育鶏の冷製、五月のバラのジュレとアイーダ風サラダ
チョコレートの冷たいスフレ
チェスターケーキ

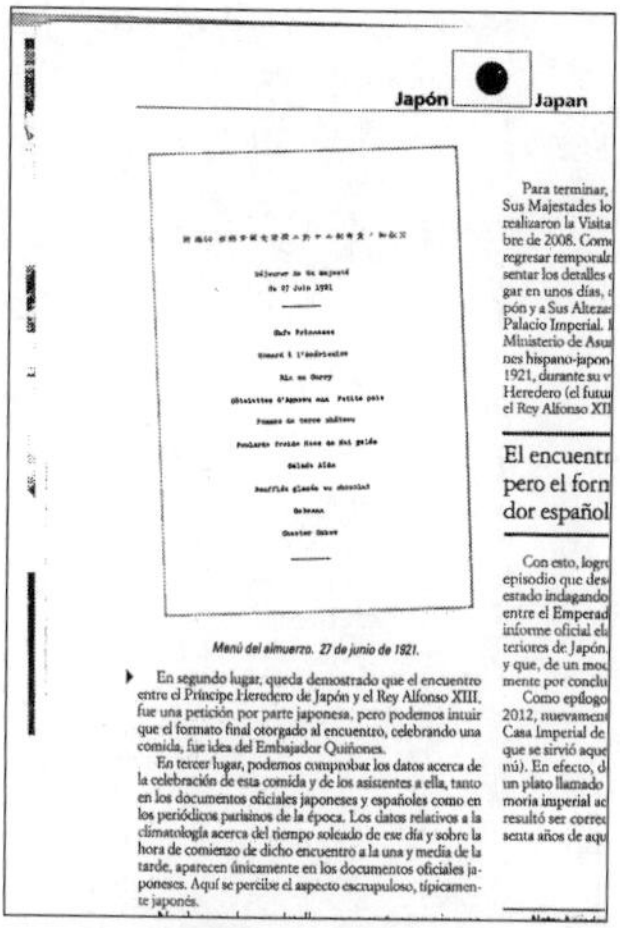
Japón　Japan

Menú del almuerzo. 27 de junio de 1921.

En segundo lugar, queda demostrado que el encuentro entre el Príncipe Heredero de Japón y el Rey Alfonso XIII, fue una petición por parte japonesa, pero podemos intuir que el formato final otorgado al encuentro, celebrando una comida, fue idea del Embajador Quiñones.

En tercer lugar, podemos comprobar los datos acerca de la celebración de esta comida y de los asistentes a ella, tanto en los documentos oficiales japoneses y españoles como en los periódicos parisinos de la época. Los datos relativos a la climatología acerca del tiempo soleado de ese día y sobre la hora de comienzo de dicho encuentro a la una y media de la tarde, aparecen únicamente en los documentos oficiales japoneses. Aquí se percibe el aspecto escrupuloso, típicamente japonés.

スペインの雑誌で紹介された1921年の昼食会メニュー（吉川元偉氏提供）

おそらくスペインの公邸料理人が作った料理と思われるが、興味深いメニューである。デザートまで入れて六皿で、肉料理が仔羊と鶏の二種類出されているのはいかにも戦前のメニューだ。今日、二種類の肉料理が同一メニューに載ることはない。

前菜についてだが、プリンセス風という名前がつけられた料理にはアスパラガスの穂先とトリュフの薄切りが用いられるのが特徴だ。ホワイトアスパラガスに半熟卵の黄身をからませながら食べる一品だと思われる。六月はフランスではホワイトアスパラガスの季節である。おそらく香りづけにトリュフの薄切りが散らされていただろう。

昭和天皇が語ったお米の料理は、次のオマール海老の付け合わせで出されている。米をカレー味でバターで炒めたもので、吉川氏が予想した通りパエリアではなかった。〈オマール海老のアメリカ風〉はトマト、エシャロット、ニンニク、パセリなどをバターで炒め、白ワインとコニャックを注いでソースとして、オマール海老にかけた料理だ。〈ジャガイモのシャトー〉は角切りにしたジャガイモをバターで炒めたもので、仔羊の付け合わせ。肥育鶏の料理は、おそらくバラの香りのトロリとしたジュレをかけたものだろう。

デザートも二種類。最後は英国のチェスターケーキ。アルフォンソ一三世の王妃はビクトリア英女王の孫娘で、英国との関係が深い。そのあたりを忖度《そんたく》したキニョネス大使が気を利かせて、公邸料理人に指示したのだろうか。

なおメニューには残念ながら飲み物が記されていないが、シャンパンと白赤のワインだったであろうことは想像に難くない。

ちなみにアルフォンソ一三世は誕生したとき、既に父王が亡くなっていたためすぐ王位に就いた。裕仁皇太子を昼食会に招いたときは三五歳だった。しかしこの一〇年後の一九三一年、選挙で共和派が勝利し、左派政権が成立。王制は廃止された。国王はスペインを逃れて欧州各地を転々とし、四一年、ローマで亡くなった。

吉川氏はメニューが明らかになった二〇一二年六月、外交問題に関するスペインの雑誌に、裕仁皇太子とアルフォンソ一三世の昼食会のエピソードを六ページにわたって紹介。これはスペインで一五年に発行された『二〇～二一世紀におけるスペイン対外政策史』(二巻本)の西日関係史の中でも引用された。

『昭和天皇実録』の第三巻でも、昼食会の模様は二四行にわたって詳しく紹介されている。吉川氏が解明した内容が多く盛り込まれていることは言うまでもない。なお同氏は昼食会のメニューのコピーを先の両陛下と皇太子に渡したという。

第四章 「久子妃の活躍」と女性宮家創設問題

一〇二年ぶりの皇族のロシア訪問

天皇、皇后両陛下や皇太子ほどにはその他の皇族の外国訪問は注目されない。しかし皇族はその振る舞いや言葉を通して、国際親善の実を挙げるべく努めている。またホスト国も皇族の訪問を決して軽く見ていない。

高円宮久子妃が二〇一八年六月一八日から二六日までロシアを訪問した。日本サッカー協会の名誉総裁としてワールドカップ（W杯）の日本代表戦を観戦・激励し、この機会を利用して現地の弓道の交流行事などに出席して両国の友好を深めるのが目的だった。

皇族が最後にロシアを訪問したのは、ロマノフ王朝の末期、ロシア革命直前の一九一六年の閑院宮載仁親王にさかのぼる。実に一〇二年前である。

この間、皇族が訪露しなかったのは、一にかかって日露両国の歴史的関係からだ。ロシア革命によって日本と相容れない共産主義体制となったソ連と、日本はシベリア出兵で軍事衝突し、第二次大戦の終戦間際、日ソ中立条約を破棄して満州に侵攻したソ連軍と再び衝突した。

戦後はシベリア抑留、東西冷戦、そして北方領土問題と、平和条約を結べない状態がつづいてきた。しかし今回は政治抜きのサッカー応援という名目の下、皇族としては一〇二年ぶりの久子妃の訪問が実現した。

久子妃は一八日にモスクワ入りし、日本代表の初戦が行われるサランスク市に移動した。W杯が開催されるロシア一一都市の一つに選ばれたサランスクは、ロシア欧州部の中央東寄りに位置するモルドビア共和国の首都で、人口約三一万人。ボルガ川の支流が流れ、アジア系の少数民族が多い。

ロシアのメディアは一〇二年ぶりとなる日本の皇族のロシア入りを至急電で報じ、タス通信はモルドビア共和国議会のチビルキン議長の「高円宮久子妃の訪問は栄誉あることだ」とのコメントを伝えた。

ロシアの高い関心の背景には、久子妃がW杯の期間中、他の国々と違った形でロシアとかかわることにあった。日本代表チームの応援だけに来て帰るのではなく、地味ながらロシアとの友好を深めることに、対露関係における日本の前向きのシグナルを読みとったからだ。

これより前の六月一四日、首都モスクワの「ルジニキスタジアム」でサッカーW杯の開幕戦、ロシア対サウジアラビアの試合が行われた。

貴賓席の最前列中央で、試合当事国のプーチン大統領とムハンマド皇太子が並んで観戦し、周りにはW杯開催に祝意を表するため駆け付けたロシアと関係の深い国の首脳らが顔を揃えた。W杯に参加しない中国の孫春蘭《そんしゅんらん》副首相、モルドバのドドン大統領らの顔もあった。

しかし欧米諸国の多くは開幕戦に首脳を送らなかった。この年の三月、英国でロシアの元諜報部員とその娘が、ロシアが保有する化学兵器ノビチョクで昏睡状態に陥り、これをロシアの仕業とみた欧米諸国は開幕戦をボイコットしたのだ。

ただそうした国も自国チームの試合になると、首脳が応援に駆け付けた。自国世論がW杯に強い関心を見せている以上、これは欠かせない。韓国の文在寅《ムンジェイン》大統領、スイスのベルセ大統領、マクロン仏大統領、クロアチアのグラバルキタロビッチ大統領……。しかし試合が終わると、皆とんぼ返りした。

W杯観戦と友好親善

久子妃はそうした国々と一線を引き、日本代表チームの応援も、地元との友好も、というスタンスをとった。実際、訪れた三カ所で、試合の前後には美術館やロシア正教会、イスラム寺院、スポーツ施設などを精力的に回り、人々と交流した。地方局のRTテレビは久子妃がロシア入りした翌一九日、こう報じた。

「高円宮久子妃殿下のワールドカップの視察は日本代表を奮い立たせて勝利をもたらすと同時に、ロシアの政治家に対しても、日本との関係強化を確信させた」

「ロシア政府要人との会談は予定されていないが、オゼロフ連邦院議員（対日議員グループ代表）は『妃殿下のご訪問は、とりわけ本年が露日交流年であるとの点からも、二国間関係の強化に資する』と考えている」

「シュレポフ国家院議員（対日議員グループ代表）は『妃殿下は日本代表を応援するために来られたが、同時に露日関係を発展させるための善意の一歩である』と述べた」

サランスク市で久子妃はモルドビア共和国の知事など要人たちに迎えられた。久子妃は青のジャケットとスカート姿。「サムライブルー」に合わせたのだろうが、ブルーはロシア国旗の色の一つでもあり、ロシアのメディアは「日本チームとロシアの国旗を念頭においた服の色の選択」と伝えた。

最初に訪れたステパン・エリジャ記念美術館は、地元出身のモダニズムの彫刻家ステパン・エリジャ（一八七六～一九五九年）の作品を一堂に集めている。久子妃は女性のリュドミラ・ナルベコワ館長の説明を受けながら、作品を一点一点、熱心に鑑賞した。引き続き地元出身の画家スイチコフ（一八七〇～一九五八年）の作品を展示した部屋でも興味深そうに覗き込み、質問をした。

最後にロバノワ副館長から、地元の女性がかぶる絹のスカーフ「プラトーク」と作品アルバムが贈られ、久子妃は記帳ノートに「興味深い芸術に触れる機会をいただいた美術館訪問に深く感謝しております」と書いた。

美術館を出たところで、久子妃は待ち構えたロシアのメディアにコメントを求められ、「サランスクは私にとってロシア最初の訪問地でしたが、この地域の文化水準が大変高く、多くのアーティストを輩出していることがよく分かりました」と語った。ナルベコワ館長は「久子妃はサッカーボール状のイヤリングと指輪をつけていらした」とメディアに明かした。

久子妃はこのあと日本代表チームの初戦となるコロンビア戦を観戦した。四万人以上

2018年のサッカーW杯ロシア大会で、日本代表合宿地を訪れた久子妃

を収容するスタジアム「モルドビア・アリーナ」は、圧倒的多数のコロンビアのサポーターで埋められ、アウェーのような雰囲気だった。久子妃は身を乗り出して応援し、日本が得点すると拍手を送った。試合が日本の二─一の勝利に終わると、「よく頑張りました。おめでとう」「集中力を切らさずに確実に決めていったのが素晴らしかったです」と称《たた》えた。

試合後はサランスク郷土史博物館を訪れた。壮大なロシア風の博物館の建物は一八世紀半ばに建てられた。日本の勝利の直後とあって拍手で迎えられ、館長から祝福されると、顔をほころばせてお礼を述べた。

ロシア正教の聖フョードル・ウシャコフ主教座教会ではスカーフで髪を覆い、聖職者の責任者の説明を受けながら、興味深そうに聖人像やステンドグラスに見入った。

久子妃は夫の高円宮が日本サッカー協会名誉総裁を務めていたこともあって、一九九八年六月のサッカーW杯フランス大会にカップルで出席。二〇〇二年五月には、日韓共催のW杯の開会式に出席するため、夫妻で皇族として戦後初めて韓国を公式訪問した。

同年一一月の高円宮の急逝に伴い、久子妃が名誉総裁となり、これを引き継いできた。今回のロシア訪問も、サッカーを通じた国際親善と位置付けられたが、同時に皇族は政治とは無関係との原則が訪露を後押しした。

難色を示した宮内庁

訪問に際しては宮内庁と外務省の間で調整が行われた。宮内庁は最初、訪露に難色を示した。逆に推したのが外務省だった。欧米諸国が開会式のボイコットで足並みを揃えるなかで、日本の皇室は政治と一線を画しており、「四年ごとのサッカーW杯に毎回行っているのに、今回行かなければ欧米諸国のボイコットに同調した政治行動と受け取られかねない」と外務省は宮内庁に説明した。

この調整過程で、間に立たされた久子妃は両省庁に「こちらは受け身なので、よく協議、検討して結論を出してほしい」と伝えている。

宮内庁によると、久子妃の訪問が決まると、現地の知事らから面会依頼が寄せられた。しかしあくまで国際親善ということで、ロシアのメディアのインタビューには応じるものの、政治的意味合いの出る知事などとの面会の要望は断った。だが、地元政府は日本大使館と綿密な打ち合わせを行い、久子妃のための文化プログラムや視察先の候補を提示した。

二泊三日のサランスク市訪問を終えた久子妃は六月二〇日、日本代表チームがキャンプをしているカザン市に入った。

カザン市はイスラム教徒が多数派のタタールスタン共和国の首都で人口一一〇万人。中世に建設され、その後、チンギス・ハンの末裔がカザン・ハン国を興《おこ》したときにその都となった。しかし一五五二年にイワン雷帝がカザンを落としてロシアの版図に組み入れ、イスラム教からロシア正教へ住民の改宗を図った。イスラム教の影響が色濃いタタール文化が復活したのは一九九一年のソ連崩壊後である。

久子妃はタタールスタン共和国の知事ら政府要人の出迎えを受け、博物館と世界遺産になっているカザン・クレムリン（城砦）を訪れた。

城壁で囲まれたカザン・クレムリンの中にはイスラム教とロシア正教が同居したさまざまな建造物があり、久子妃は二〇〇五年にヨーロッパ最大級のイスラム寺院として再建されたクルシャリフ・モスクと、一七世紀に建てられた聖母マリアを讃えたブラゴベシェンスキー寺院を訪れた。

ブラゴベシェンスキー寺院ではフェオファーン主教の案内を受け、聖母マリアのイコン（聖画像）の歴史についての書物を贈られた。

この後、日本代表チームの練習場に行き、練習前のチームに励ましの言葉をかけて、練習の模様を日本サッカー協会の田嶋幸三会長と観覧席から見学した。

皇帝一家殺害の地を視察

久子妃が日本対セネガル戦の観戦のため、三カ所目となるスベルドロフスク州の州都エカテリンブルク市に入ったのは二二日夕で、空港にはクイバシェフ州知事ら要人が出迎えた。

タス通信によると、久子妃はあいさつで「ロシアが素晴らしいW杯を開催してくださったことに感謝します」「サランスクでの日本チームの勝利はロシアのサポーターたちの温かい応援によるところが大きい」と述べ、こう語ったという。

「私はロシアを初めて訪れ、多くの歴史を知ることができました。サランスク、カザン、そしてエカテリンブルクの三都市は、それぞれに独自の文化と歴史があります。モスクワやサンクトペテルブルクは日本人に有名ですが、私が訪問した三都市は大半の人に余り知られていません。今回、多くの日本人、そして世界の人々にとってロシアのさまざまな都市を知る機会となったと思います」

　エカテリンブルク市はウラル山脈の東部に位置する人口一四五万人のロシア第四の都市。ロマノフ王朝最後の皇帝で、日本の皇室ともゆかりの深いニコライ二世が、家族とともに殺害された場所である。また国際弓道連盟名誉総裁として久子妃が弓道の交流行事に出席することになっており、ロシア訪問のハイライトでもあった。

　到着翌日の二三日、久子妃は皇帝一家が殺害された館の跡地に建てられた「血の上の教会」を訪れ、ニコライ二世の時代や、皇帝と皇后、五人の子供の最後の日々について案内の人から説明を受けた。復元された「皇帝の部屋」も見学した。

　一九一七年三月の革命で退位した皇帝は、皇后と五人の子供たちと一時、首都ペトログラード（いまのサンクトペテルブルク）郊外の離宮に監禁された。その後、八月にウラル山脈東部のトボリスク、さらにエカテリンブルクに移され、イパティエフ館（接収された資産家のイパティエフの邸宅）に移された。翌一九一八年七月一七日未明、一家は館の地下で殺害された。

久子妃は真剣な面持ちで説明に聞き入った。皇帝、皇后には当時、一三歳の末っ子の皇太子の上に、一七歳、一九歳、二一歳、二二歳の四人の娘（皇女）がいた。三人の娘のいる久子妃はどのように聞いただろう。案内の人に「ここは特別な場所ですね」とロシア語で感想を述べたという。即席ながらロシア語も勉強していたのだ。

革命で共産主義国となったソ連時代、皇帝一家は支配・抑圧階級として振り返られることもなかった。しかし現在のロシアになった一九九一年以降、ロシア正教の復活とともに正教会の保護者だった王室の見直しも進み、二〇〇〇年に皇帝一家は正教会によって聖人のカテゴリーの一つである「受難者」に列せられた。

ロシアの王室はいまでは遠い歴史の一ページで、それを復活させようという動きはない。しかしロシア革命前、日露両国は軍事同盟を結び、その軸になったのが皇室とロシア王室だった。おそらく久子妃も訪露前にブリーフィングを受けたはずで、皇族として自分が一〇二年ぶりにロシアを訪れたことに感慨深いものがあったのではないだろうか。

ロシア革命前の皇室とロシア王室の交流はいまではほとんど知られておらず、この機会に紹介しよう。

以下、ロシアの歴史家セルゲイ・チェルニャフスキーの論文「1916年閑院宮載仁親王のロシア訪問」の記述をもとに、閑院宮の訪露の経緯とその影響についてまとめてみる。

大正天皇とニコライ二世

皇室とロシア王室の交流は一八九一年、まだ皇太子だったニコライ二世（一八六八〜一九一八年）がアジア・極東旅行の一環で長崎に軍艦で来航したことに始まる。皇太子は約三週間、日本に滞在し、鹿児島、瀬戸内、京都などを見物した。

琵琶湖巡りのあと京都に戻る途中、滋賀県大津町（現・大津市）で警備に当たっていた巡査にサーベルで切りつけられ、大けがを負ういわゆる大津事件が起きた。ロシアとの関係悪化を危惧した日本は、明治天皇が直々に東京から駆け付け、皇太子を見舞った。皇太子が本国に戻る前には送別の饗宴を開こうとしたが、逆に皇太子から招待され、ロシア軍艦内でもてなしを受けている。

この三年後の一八九四年、父親の死でニコライ二世は帝位に就いた。結婚した皇帝は、一八九六年、アレクサンドラ皇后とモスクワ・クレムリンにあるウスペンスキー大聖堂で戴冠式を行なったが、このとき明治天皇の名代として伏見宮貞愛《さだなる》親王が派遣され、特命全権大使の山縣有朋とともに参列した。

両国の関係は日露戦争(一九〇四~〇五年)で一時頓挫するが、その後、急速に協調体制を深めていく。第一次日露協約(一九〇七年)、第二次協約(一九一〇年)、第三次協約(一九一二年)と続き、一九一四年に第一次大戦が始まると、日本はロシアへの武器供与を開始する。

日本との提携関係をさらに強化すべく、ニコライ二世は一九一五年秋、自分の名代として親族のゲオルギー・ミハイロビッチ大公の日本派遣を決定する。この年の一一月に即位式を挙げる大正天皇への祝意とともに、日本の経済・軍事援助に感謝の念を直接伝えるためだった。

一二月末、日本へ向け出発した大公は、シベリア鉄道経由で一九一六年一月一二日、東京駅に到着した。この訪問を重視していた日本側も、駅頭に大正天皇が出迎えた。大公は半月滞在し、この間少なくとも五回、大正天皇と会い、公式・非公式の数々の饗宴でもてなされた。両国はロシアへのさらなる武器供与でも合意した。

この信頼関係を背景に、一六年七月、第四次日露協約が秘密協定付きで結ばれる。事実上の軍事同盟で、その内容は次のような柱からなる。

一、極東で両国の利益に対する脅威が生じた場合、利益擁護で共同行動をとる。

一、中国においては、いかなる大国であれ、日本あるいはロシアに敵対的な国の覇権を許さない——前項に関して、双方のいずれかが戦争に巻き込まれた場合、他方は援助に駆け付ける義務がある。

一、互いの同意なしには第三国と平和条約は結ばない。

第三国の国名は秘密協定に盛られたが、ロシア革命の勃発後、革命政府は日露協約を破棄し「第三国とは米英」と明かす。つまりこの軍事同盟は、極東・中国における日露両国の提携強化であり、中国が第三国（米英）の影響下に入るのを共同して防ごうとの狙いを持つものだった。

閑院宮のロシア大旅行

大正天皇は第四次協約の締結を祝すため、閑院宮載仁親王を名代としてロシアに派遣することを決める。

ロシア側では閑院宮の受け入れのため、大々的な準備がなされた。滞在中の接待役、諸行事の日程と細かい時間割、シベリア鉄道の列車が通過する各駅の停車時間、服装規定まで、ニコライ二世の裁可を得て決められた。日本との戦略的関係を重視するロシアが、閑院宮の訪露を成功させるため、いかに神経を使っていたかが分かる。

当時、ロシア軍の士気は低く、ドイツ軍の攻勢の前に劣勢に立たされていた。ニコライ二世は皇后と家族をペトログラードの王宮に残し、大本営を置いたモギリョフ（現在のベラルーシ東部）に詰め、戦争の陣頭指揮に当たっていた。

閑院宮はモギリョフに赴いてニコライ二世に謁見し、続いてキエフ（現在のウクライナの首都）で皇太后に会い、最後にペトログラードで皇后に拝謁する行程が決まった。ユーラシア大陸を東西南北に行き来する大旅行である。

一九一六年九月二日朝、閑院宮が随員とともにロシアの管轄下にある、満州の東清鉄道の寛城子駅に到着した。東清鉄道はここでシベリア鉄道に接続する。駅頭には皇帝侍従武官のタチーシチェフ陸軍少将、ベザク陸軍大佐、モルドビノフ侍従武官が出迎えた。ロシア国内のすべての行程で、一行の警護と世話係となるべく、皇帝から差し向けられた武官たちだった。閑院宮は特別編成の車両に随員とともに乗り込み、シベリア鉄道の旅が始まった。

モスクワに到着したのは八日後の一〇日だった。駐露大使の本野一郎子爵のほか、年初に日本を訪れたミハイロビッチ大公、モスクワ市長ら要人多数が駅頭に出迎えた。大公はこれからのち皇帝、皇太后、皇后の拝謁に同道する。

モスクワで休憩をとった閑院宮は、本野大使、ミハイロビッチ大公らに伴われて、再び車上の人となり、モスクワから約五〇〇キロ西方の大本営が置かれたモギリョフに向かった。

一行は翌一一日正午過ぎ、モギリョフに到着した。駅頭には皇帝が直々に出迎え、一二歳のアレクセイ皇太子など王室、政府、軍の首脳らが威儀を正して歓迎式典がもたれた。両国国歌演奏、栄誉礼、儀仗兵閲兵、互いの随員紹介……と滞りなく行われた。

皇帝の滞在先で会見があった。欧州の戦況や、極東・中国の様子について意見が交換され、両国の提携関係の一層の強化を確認した。この場で、皇帝自ら聖アンドレイ勲章を閑院宮に授与している。

つづいて午餐会がもたれた。中央に皇帝、最上席の右手に閑院宮、左手に皇太子、閑院宮の横にロシアの外務大臣、皇太子の横に本野大使が座った。

皇帝はフランス語の歓迎のあいさつで、共通の敵（ドイツのこと）との戦いで、日本のロシアへの武器供与が両国の固い絆を示していること、自分は日本の陸軍の剛胆さと、日本海軍の勇敢さに注目していると指摘した。乾杯が行われ、「君が代」が演奏された。

答礼のあいさつに立った閑院宮は、フランス語で皇帝に謝辞を表し、自分の訪問が日本国内に深い印象を与えるであろうと指摘し、ロシアの勝利を確信していると締めくくった。杯が挙げられ、ロシア国歌が演奏された。

午餐のあと、閑院宮は大本営司令部を表敬訪問し、司令官と配下の面々を紹介された。その夜も皇帝は晩餐会をもった。手厚いもてなしである。終わると、閑院宮と随員は駅頭まで皇帝に見送られ、皇帝の母親・皇太后のいるキエフに向かった。

ニコライ二世は首都ペトログラードにいる皇后に宛てた手紙で、閑院宮のことをこう伝えている。

「親王は好感のもてる人物でフランス語を上手に話す。彼は一九〇〇年にロシアにきたことがある。彼は赤ん坊（アレクセイ皇太子のこと）と私に日本の素晴らしい贈り物をもってきた」

皇帝はとくに孔雀を描いた七宝《しっぽう》焼きの大きな絵画を挙げ、「見事な出来栄え」と称賛している。

半年後にロマノフ王朝は崩壊

フランスに長年留学し、フランス語に堪能な閑院宮は社交もあか抜けていただろう。皇帝の手紙の内容はそのことを示している。

閑院宮は九月一二日午後、キエフ駅に着き、駅頭で儀仗兵の歓迎を受けた。町はロシアと日本の国旗で飾られ、歓迎式典がもたれる市内の庭園では各界要人がいまかと待ちかまえていた。

閑院宮が姿を現すと、日本語でバンザイの声が上がった。博物館などの施設を見学したあと、宮殿でマリア皇太后主催の遅い午餐会がもたれた。夜一〇時、列車に乗り込み、最後の目的地ペトログラードに向かった。

キエフは大本営のモギリョフからほぼ真南に約四〇〇キロ下る。キエフから皇后のいるペトログラードは逆に北へ向かって約一一〇〇キロ。本来であればペトログラードだけですむのを、大戦中のやむを得ない事情で、ロシア中を列車で走り回ることになった。ペトログラードに着いたのは二日後の一四日午後だった。列車は王族専用のインペラトルスキー・パビリオン駅に到着し、礼服に身を固めた閑院宮と随員一行を、王族、陸軍、海軍大臣など多数の要人が出迎えた。

駅頭での歓迎式典のあと、沿道の群衆から上がる歓呼のなか、閑院宮は馬車で宿舎となる宮殿「冬宮」に入った。翌日、閑院宮と随員はアレクサンドラ皇后に拝謁し、一行を歓迎する盛大な午餐会がもたれた。

アレクサンドラ皇后は大本営の皇帝に、こう手紙を書いている。

「彼（閑院宮）は話し好きで感じの良い人物で、堅苦しさはありませんでした……。私に日本の天皇からの贈り物として素晴らしい出来栄えの、彩り豊かなゴブラン織を二点くださいました。私や母上の歓待に彼は深く感激したようです。それにしても冬宮までの沿道に何と多くの人たちが集まったことでしょう……」

朝野を挙げての歓迎ぶりだったことが分かる。五泊六日の滞在中、閑院宮は王族との面会、ロシア政府との会談、外交団訪問、要人主催の晩餐会、日本大使館での答礼宴と諸行事をこなした。エルミタージュ美術館にも行き、バレエ鑑賞にマリインスキー劇場にも足を伸ばした。この間、皇帝の四人の皇女たちとも会っているはずである。

ペトログラードでの全日程を終えて、閑院宮が帰国の途に就いたのは九月一九日午後だった。来たときと同様、国境までタチーシチェフ陸軍少将とベザク陸軍大佐が同行した。翌一九一七年三月の革命でロマノフ王朝が崩壊する半年前のことである。

これだけ親密な関係を築き、大戦後は中国を自分たちの勢力圏として共に仕切っていこうとしていたロシアで革命、それも社会主義革命が起きたことは、皇室を戴く日本にとって大きな衝撃であったことは容易に想像がつく。ロシアがソ連となって敵対勢力として立ち現れ、日本の大陸政策は根底から覆ったのである。

それにしても日露間で、米英を念頭に戦略的提携関係が築かれようとしていたことは、約一〇〇年前のこととはいえ興味深い。第二次大戦後、領土問題を抱える両国だが、地政学的観点から協力関係を築き得る条件があると見ることもできるのだ。

皇室のロシア観への影響

エカテリンブルクの久子妃に戻ろう。「血の上の教会」の訪問の前、久子妃は国際弓道連盟の名誉総裁として弓道の交流行事に出席した。ロシア各地から弓道選手が出席したほか、日本の大学からも学生が参加した。この取材の申し込みが、ロシアの新聞社やテレビ局など二〇社以上から日本大使館にあった。

久子妃はあいさつで「ここロシアで弓道の行事に出席できて大変嬉しく思います。改めて日本の武道が世界で大変な人気であると感じました。……弓道の重要な特徴を申し上げると、弓道には相手がおらず、すべては人の内面において起こります。これは日本の若者にとって非常に重要で、外国の皆様にもこの経験を享受していただきたいと思います」と述べた。

スベルドロフスク州の副知事、ラポポルト・州スポーツ相、露日協会エカテリンブルク支部のザニン会長らに、久子妃から記念の弓矢が贈られた。このあとロシア人の弓道愛好家らの演武を見学した。

翌六月二四日の日本対セネガル戦では、久子妃はサムライブルーの青いパンツスーツ姿で応援し、ゴールが入ると立ち上がり、拍手を送った。日本は二度リードされながら二―二の引き分けに持ち込むと、「チームが一つにまとまり、いい試合でした。三戦目もしっかり戦ってください」と日本サッカー協会の田嶋会長に語った。

久子妃は九日間のロシア滞在を終えて二六日帰国したが、帰国前、日本メディアと会見し、皇族として一〇二年ぶりのロシア訪問についてこう述べた。

「歴史の流れの中で結果的にそうなったと思いますが、自分が訪れることができたことはある意味重みもありますし、幸せな気持ちにもなりました。みなさん親切で、とても熱心に説明してくれるので、自分たちの歴史に誇りをもっていると感じました」

久子妃にはロシア発見の機会ともなったと思われるが、皇室のロシアに対する印象は、過去の歴史的いきさつや領土問題などで決して良いものではなかっただろう。

そもそもロシア革命で誕生したソ連の共産主義体制は天皇制と相容れず、革命の輸出を図るソ連に皇室は大きな脅威を感じていた。一九九一年末に共産主義体制のソ連は崩壊し、版図を縮小したロシアとなった。エリツィン、プーチン両大統領も来日し、両陛下も宮中でもてなしている。しかしソ連の後を襲ったロシアは依然不透明な国だった。

そのロシアを訪れた久子妃が、自分の目でこの国を見、現地の人々と交流し、さまざまに言葉を交わしたことは、その対ロシア観に何らかの影響を与えたのは疑いないと思われる。ロシアのメディアに「ロシアから受ける印象を全て日本に持って帰り、その印象についてできるだけ多くの人々に話をしたい」と語った言葉がそのことを表している。

久子妃の訪露は、皇室の対ロシア観をよりクリアなものにしていく、ささやかながら大きな一歩と言うこともできるかも知れない。

ロシアにとっても久子妃の訪問は決して軽んじていいものではなかった。日本の人々の皇室に対する尊敬の念を大事にすることが、日本との関係をよくすることであるとロシアも十分に分かっていたはずである。皇族がロシアに親近感をもつことが、ロシアのよきイメージを日本の中に広げていく力になる。ロシア政府は「日本の皇族は政治にかかわらない」との原則を大事にしつつ、地方政府に対して丁寧に対応するように指示したといわれる。

確かに行く先々で地元政府要人が出迎え、ロシア側の歓迎ともてなしは温かかった。ロシアのメディアも久子妃について報じるとき、「一〇二年ぶりの日本の皇族訪問」という言葉が必ずといっていいほど入った。

また宮内庁と外務省は久子妃のロシア滞在中の日程を慎重に練ったことが分かる。日本代表チームの応援を軸に、地元の歴史と文化を理解することに重きを置いた訪問先が選ばれ、イベントや人々との交流を組み入れた。W杯があってこそ実現した訪問を、日本側も親善友好のために最大限に利用した。

久子妃の訪問から約一カ月後の七月三一日、モスクワで日露の外務・防衛閣僚協議（「2＋2」）が持たれた。ロシアのラブロフ外相は日本の河野太郎外相に、サッカーW杯での日本代表チームの活躍を祝福し、「日本の皇族による一〇二年ぶりのロシア訪問だったが、高円宮久子妃が満足されたことを願っている」と述べた。

ラブロフ外相も両国関係のよき雰囲気を醸成する上で皇族の役割を重視していることを窺わせた。

存在感大きい久子妃

公務やそうでないときも含め、高円宮久子妃の高いパフォーマンスは宮内庁の関係者の間ではよく知られている。

帰国子女で、自分の感じたこと、印象深かったことなどをきちんと伝える姿勢とユーモアのセンス。上品なクイーンズイングリッシュと、英語のアクセントがややあるものの聞き取りやすいフランス語……。

皇室の発信力、つまり皇族たちが何を考え、社会や国や世界がどうあってほしいと願っているかを、久子妃は説得力をもって伝えているように思われる。皇室とて明瞭なメッセージが求められる時代にあって、これは大事なことだ。

久子妃は二〇を超える団体の名誉総裁を務めており、皇族の中で一番多い。スポーツ、文化、環境保護、国際交流など故高円宮の遺志を継いだものと、その後に依頼されて引き受けたものがある。

ラインナップを見ると、日本サッカー協会、日本ホッケー協会、国際弓道連盟、日本水難救済会、高円宮記念日韓交流基金、日本AED財団、日本心臓財団、世界一二〇の国・地域の環境NGOのネットワークであるバードライフ・インターナショナルなど多様だ。それでも「久子さまに名誉総裁を」という要望は多い。

国連教育科学文化機関（UNESCO《ユネスコ》）元事務局長の松浦晃一郎氏は幾つかの団体の役員を兼ね、皇族を迎える機会が多いが、久子妃について「海外育ちで国際感覚をお持ちなのに加え、結婚後も高円宮妃として頻繁に外国を訪問されて、蓄積されたものがとても豊かです。記念の行事などの機会に来ていただくと、場の雰囲気に重みと華やぎが出ます」と語る。

東京五輪招致を決めたスピーチ

久子妃のパフォーマンスの高さを衆目の前で見せつけたのが、二〇一三年九月、アルゼンチンの首都ブエノスアイレスで開かれた国際オリンピック委員会（ＩＯＣ）総会だった。二〇二〇年の夏季五輪の東京開催が決まったあの総会である。

このとき久子妃は日本招致委員会のプレゼンテーションの前に登壇し、東日本大震災に対する支援のお礼のスピーチを行った。このスピーチがＩＯＣ委員の心をとらえたのは疑いなく、これによって東京五輪開催の流れがほぼ決まったという意見も、あながち間違っていないと思われる。

ただ久子妃のスピーチが実現するまでには日本政府内でせめぎ合いがあった。宮内庁は五輪招致活動に他国と競い合う政治的側面があるとして、皇室の関与には一貫して否定的だった。しかし五輪招致を国家戦略と位置付ける安倍政権は、五輪を所管する文部科学省などを通じて皇族の関与を強く要請してきた。

政府内の水面下の調整で、宮内庁は認める姿勢に転換した。「東日本大震災の際の支援に対するお礼が目的で、五輪招致とは無関係」という理屈で、久子妃と故・寛仁《ともひと》親王の長女・彬子《あきこ》女王が九月初旬、ＩＯＣ総会の行われるブエノスアイレスを訪問することを了承した。ただし二人はＩＯＣ総会の場には出席せず、総会前にホテルでＩＯＣ委員と会い、被災者支援に謝意を伝えるとの条件だった。

しかしその後、下村博文・文部科学相は宮内庁の風岡典之長官（いずれも当時）に、久子妃の総会出席を認めるよう強く要請。最終的に宮内庁は折れた。

これについて風岡長官は記者団に「宮内庁も内閣の一員という立場から、やむを得ないと判断した」と述べた。しかし同時にこれは「苦渋の決断」だったとし、「過去の皇室の対応に鑑みると、両陛下も案じられているのではと推察した」とも指摘した。これに菅義偉官房長官が「非常に違和感を感じる」と不快感を示した。

欧州の王族が五輪やサッカーW杯などの招致活動の一環で、直々に自国をPRするのはふつうのことだ。二〇〇五年の五輪開催地選考ではロンドンが選ばれたが、アン英王女がスピーカーとなり、エリザベス女王もメッセージを寄せた。

招致活動に政治的側面を見る宮内庁に対して、日本オリンピック委員会（JOC）の竹田恒和会長は「五輪はスポーツを通じた世界平和運動であり、政治的な活動ではない。だから各国の王室も協力するのだ」と言う。

こうしたすったもんだの末に九月七日、久子妃のIOC総会でのスピーチが実現した。紹介を受けて登壇した久子妃は、まずフランス語で「日本の皇室の一員として初めて

ＩＯＣ総会の皆さまを前に話ができることは大変光栄なことです」と語り、東日本大震災への支援にお礼を述べた。「皆さまの優しく広い心を決して忘れません」「日本人は感謝の念をこめて未来への一歩をしるそうとしています」とも話し、「しっかり理解していただくために英語でお話しさせていただきます」と英語に切り替えた。

最初に触れたのが皇室の立場だった。「東京でお話ししたのは現在も当てはまります」とややあいまいな表現で、皇室は五輪招致を訴えることはできないことを理解してほしいと伝えた。この年の三月、ＩＯＣ評価委員会メンバーが東京の現地調査のため来日した折、首相主催の夕食会に久子妃も出席しており、「皇族は招致活動に参加できない」旨、話したのだろう。

親愛の情溢れるメッセージ

その上で、久子妃は三つのことに触れた。

一つ目は、ＩＯＣの特別震災支援プログラム「ＴＳＵＢＡＳＡプロジェクト」が、子どもや若いアスリートに希望とモチベーションを与えたことへの感謝とお礼。

二つ目は、招致活動にはかかわれないが、日本の皇室は常にスポーツを支援してきたこと。亡き夫もスポーツマンで、自分は夫が引き受けていた九つのスポーツ団体の名誉総裁を引き継いでいると述べた。

三つ目が、IOCのメンバーとの絆だ。これまで多くのメンバーと知り合い、今回また新しい方と出会えたこととの喜びを伝えた。そして「将来、私をオリンピック・ファミリーの名誉あるメンバーの一員として考えていただければ幸いです」と述べた。東京の五輪開催が決まれば、そのときはオリンピック・ファミリーの一員に加えてください、との示唆でもあった。

締めに入ると「ではチームジャパンのプレゼンテーションが始まります。皆、一生懸命努力してきましたので、説得力あるものであることを祈っております」と語り、フランス語で「メルシー・ア・トゥス（皆さま有り難うございました）」と結んだ。

スピーチは全体を通して親愛の情溢れたメッセージだった。他人行儀のよそよそしさ、肩ひじ張った緊張やよそ行きの響きはいささかもない。身近な人に語りかけるようにゆっくりと、聴衆を見ながら話していた。最後の「メルシー・ア・トゥス」も身近な友人に礼を言うときの表現だ。

ユーチューブで何度か聞いたが、簡潔にして要を得たスピーチである。内容も、プレゼンの仕方も、聴く者を引き込んだ。終わったあと会場を包んだ拍手も、おつきあいではないだろう。

竹田JOC会長は「どの方も『素晴らしいスピーチだった』と言ってくれました。日本への見方が変わったと思う」と語った。事前に久子妃からスピーチの相談を受けて意見は言ったが、久子妃自身で執筆したという。

東京招致には触れず、震災支援へのお礼と、皇室のスポーツ支援に絞ったことが、PR臭さをなくし、日本的な奥ゆかしさを聴く者に感じさせた。最高の形で、プレゼンテーションのトップバッターであるパラリンピック陸上選手の佐藤真海《まみ》さんに引き継いだ。

IOC総会のあと、宮内庁は定例記者会見で「プレゼンとは区別されており、招致活動とは一線を画した」との見方を示し、「今回は被災地支援へのお礼という個別のケース」として前例とはしないとの考えを述べた。

減りゆく女性皇族

久子妃がロシアから帰国した二〇一八年六月二六日に戻ろう。

この日、宮内庁は高円宮家の三女・絢子《あやこ》女王と守谷《もりや》慧《けい》さんの婚約を発表した。久子妃の公務が一段落するのを待って発表されたのだろう。二〇一八年も久子妃は公務で多忙だった。

四月には来日したスウェーデンのカール一六世グスタフ国王とシルビア妃夫妻が、鎌倉市で高齢者のための自動運転支援技術を搭載した乗用車や、認知症の人向けのデイサービス事業所を視察するのに同行。五月には全国赤十字大会に、日本赤十字社名誉副総裁として皇后ら他の皇族とともに出席している。そしてロシア訪問である。

一〇月二九日、明治神宮で結婚式が執り行われ、絢子女王は皇籍を離脱した。これによって皇室は一八人となった。その構成は次のとおりだ。

天皇、皇后、皇太子徳仁親王、雅子妃、愛子内親王、秋篠宮文仁親王、紀子妃、眞子内親王、佳子内親王、悠仁親王、常陸宮正仁親王、華子妃、三笠宮百合子妃、信子妃、彬子女王、瑶子女王、高円宮久子妃、承子女王。

皇室一八人のうち女性皇族は一三人。三〇代以下の未婚の女性は六人である。平成に入ってから結婚による女性皇族の皇籍離脱は、両陛下の長女・黒田清子《さやこ》さん（二〇〇五年）、高円宮家の次女・千家《せんげ》典子さん（二〇一四年）、そして絢子さんとつづいた。適齢期の独身の女性皇族は多く、今後さらに結婚する方が出てくるだろう。

女性皇族は一般参賀、講書始の儀、歌会始の儀などの宮中の儀式や、公務などの活動で大きな役割を果たしている。先の天皇は二〇〇五年の誕生日の記者会見で、女性皇族が果たしてきた役割について「有形無形に大きなものがあったのではないかと思います」「女性皇族の存在は、実質的な仕事に加え、公的な場においても私的な場においても、その場の空気に優しさと温かさを与え、人々の善意や勇気に働きかけるという、非常に良い要素を含んでいると感じています」と述べている。

栗山氏の女性宮家創設論

元駐米大使の故・栗山尚一《たかかず》氏(二〇一五年四月没)は二〇一二年までの六年間、宮内庁参与を務めた。二〇一〇年の参与会議で初めて先の天皇が退位の意向を明らかにし、その後、退位やむなしの方向へ会議の議論が収斂《しゅうれん》していく一端を担った。

栗山氏は参与会議での議論を踏まえ、皇室が抱えるさまざまな課題を個人的に「所感」の形でまとめていた。公表は考えず、問題点を整理し、自分なりに考えを深めるのが目的だったようだ。その栗山氏が強く案じていたことの一つが、女性皇族の皇籍離脱による皇族数の減少・縮小の問題だった。

故・栗山氏の昌子夫人の了承を得て「女性宮家創設」と題された所感を読ませてもらったが、リベラルな栗山氏らしい考えが示されている。

栗山氏は問題点をこう指摘する。

「皇族女子が、皇族以外の者と婚姻した場合は皇籍離脱を求められる現行の皇室典範（第一二条）の下では、二世代後の皇室は、悠仁親王殿下を長とする、ごく少数の皇族で構成されることになる可能性が高い。このようなことになれば、皇室の国内外での活動は著しく制約され、その結果、皇室と国民を結んでいる絆が細まり、ひいては、皇室の存在自体が危ぶまれることになりかねない」

「このような事態に陥ることを避けるためには、女性皇族が結婚後も皇籍に止まることができるように、皇室典範を改正する必要があることは明らかである。また、結婚前の女性皇族のご年齢を考慮すると、改正はできる限り速やかに行われるべきであろう」

ただ栗山氏は「本件を皇位継承問題とは切り離して処理するとの政府方針は、維持されなくてはならない」とも言う。なぜか。

「女性や、女系を含む長子優先の皇位継承に反対する向きは、女性宮家の創設が皇位継承制度の変更に通じる、と受け止めている。女性宮家創設の当否が皇位継承制度の問題と結びつけて議論される場合には、前者について、容易に結論が出ないことが懸念される」

栗山氏には既視感があったのだろう。二〇〇六年、小泉純一郎内閣が女系天皇を認める皇室典範改正案を作成し、その成立に向けて動き出したとき、「女性が天皇になることは認めても、女系の天皇、つまり女性天皇の子どもが天皇になるのは容認できない」という意見が出て、事態は揉めた。女系天皇の父が天皇の血統でなければ、万世一系といわれる血脈が途絶えることへの右派からの攻撃だった。

「皇籍離脱後も臨時に公務を」

さらにこの騒動に便乗するように出てきたのが、旧宮家の末裔の男性を皇族に復帰させようとの議論だった。終戦後の一九四七年一〇月、昭和天皇の要請で一一宮家の五一人が皇籍を離脱したが、その末裔の男性に新宮家を興させるなり、内親王の婿として迎えれば、男系の皇統が守れるというのである。

結局、二〇〇六年九月、秋篠宮家に男子の後継者である悠仁親王が生まれ、女系の天皇を認めた皇室典範改正案は国会に提出されず、男性皇族の復活論も下火になった。

ただ女性宮家創設が女性天皇なり女系天皇につながるとの右派の警戒感は根強くある。栗山氏は女性宮家創設を遅滞させないよう、皇位継承の問題とは切り離して議論すべきだというのだ。

栗山氏は女性宮家創設で検討すべき論点を三つ挙げる。

一、皇室の適正規模（対象となる女性皇族の範囲、新女性宮家は一代限りとすべきか）
二、女性皇族ご本人の意思
三、配偶者の地位・称号・活動範囲

これら三点について、氏は「私は適当と考える答えを持ち合わせていない」と述べる。ただ二について人権との絡みで次のように指摘する。

「女性宮家の創設は、制度の問題であると同時に、対象となる皇族ご自身にとっては、人間としての一生にかかわる問題であることを十分留意する必要がある。いずれ結婚すれば、皇室を離れて一民間人になると決められて生まれ育ってこられた方が、突然の制度の変更により、自らの意思とは無関係に、皇室の一員としての責任を伴う、全く異なる将来を過ごすことを強いられるとすれば、それはかなり不条理な話である。他方、皇籍の保持（離脱）についてはご本人の意思を尊重するとした場合には、皇籍保持を選択する女性皇族がおられず、結果的に女性宮家創設の意味が失われる、というケースもあり得ないことではない」

このジレンマを避けるため、栗山氏は一つの提案をする。皇籍離脱を選択した女性皇族に社会福祉や国際親善といった分野で、結婚後も必要に応じて、皇室の公務を臨時に引き受けてもらう制度だ。

「もちろんその場合には、民間人となられた前皇族が公務に従事される間の肩書や、人的、経済的支援措置を考えなくてはならない。またこうした前皇族の公的な活動が、国内外でどこまで積極的に評価されるかについても、併せて検討の必要があろう」

とも氏は付言する。

彬子女王の所感

以上は単に栗山氏の個人的な考えではない。同氏は所感の最後に、「私共参与は、最近、この問題の対象となるであろう女性皇族の方から、ここに述べたことに近い率直な感想をうかがう機会があった」と書いている。

参与たちは複数の女性皇族（おそらく皇籍を離脱した前皇族も含めて）に、彼女たちの気持ち、意見を聞いており、それをまとめたものがこの「所感」に反映されていると見て差し支えないだろう。女性宮家の議論に一つの選択肢を示していると思う。

なお寛仁親王家の長女・彬子女王が毎日新聞（二〇一二年一月七日付朝刊）のインタビューで女性皇族問題に答えていて、「所感」と一部響き合う部分がある。


――「女性宮家」創設の動きはどう受け止めていますか。
◆お国の決定に任せるしかないと思っています。一方で、今の議論は女性宮家を創設するかしないか（のみ）になっているような気がして、そこには違和感があると申しますか……。男系で続いている旧皇族にお戻りいただくとか、現在ある宮家をご養子として継承していただくとか、他に選択肢もあるのではないかと思います。女性宮家の議論だけが先行しているように感じられます。
――将来は皇室を離れることを前提に生活されてきました。

◆「お前たちは結婚したら民間人だから」と、子どもの頃から父に言われてきましたが、その前提が大きく変わるかもしれないというので、私自身、落ち着かない状態です。

――現行の皇室典範のままでは皇族が極端に減るという問題についてはどうお考えですか。

◆それは国民のみなさまがどのように皇室を見ておられるかということにつながってくるのではないかと思います。皇族の私がどうすべきかを申し上げるのではなく、国民のみなさまが残したいと思われるのであれば、自然と残っていくのではないでしょうか。こういった流れがあって初めて、将来を見据えた皇室典範の改正も議論されるべきだと思います。

――立場が定まらないと、ご結婚にも踏み切れない、ということはありますでしょうか。

◆私は、結婚後も公務をすることに抵抗はありませんが、女性宮家創設はお相手の方の将来にも関わってくる問題ですので、決めるのであれば早く決めていただきたい。今は、子どもたちに日本の伝統文化に自然と親しんでもらうような寺子屋のようなことができないかと考えています。ただ、成人後に留学を5年間させていただきましたので、その分を公務でお返しできたらと思っています。研究と公務のどちらかを優先するというわけではなく、どちらも100%が目標です。

二〇一七年六月九日、天皇の退位を認める特例法が、参院本会議で退席した自由党を除く与野党の全会一致で可決、成立した。安定的な皇位継承策として「女性宮家」創設の検討などを盛り込んだ付帯決議も採択された。

第五章　天皇、皇后への惜別の辞

家族ぐるみ、世代を超えた交流

いま世界に君主国は二八ある（英女王を君主として戴く英連邦の国は除く）。二〇世紀初めには約一〇〇あったが、革命や政変などの体制転換で減り続けてきた。最近では二〇〇八年、ネパールで王制が倒れた。

君主国には大きく分けて、君主が政治的実権をもたず、象徴的な役割だけを果たしている日本や欧州のような立憲君主国と、アラブのように君主が政治的実権を握っている国がある。また政体を立憲君主制としていながらも、君主が事実上の政治的実権を握っているクウェートや、政治的危機のときに限って介入するタイのような国もある。

皇室は立憲君主国、そうでない君主国も含めて交流をもっているが、当然ながらそこには濃淡がある。アラブの場合、女性は親族以外の男性と公的な場で席を同じくしないなどの制約があるため、皇室と王室の関係は男性の君主同士のみのつながりとなる。他方、そうした制約のない欧州やタイの王室との交流を特徴づけるものは「家族ぐるみ」であることだ。

「家族ぐるみ」ということは、世代を超えた交流が行われ、その関係が親から子へ、子から孫へと引き継がれていく。元首（大統領）が選挙で選ばれ、任期を満了するか、選挙で落ちれば、普通の人になる共和制の国とこの点が大きく異なる。

また皇室と王室は交流を通して「君主とはどうあるべきか」「国民とどう向き合ったらいいのか」「両国関係発展のために自分たちは何ができるのか」といったことを互いに学び合っているところがある。

オランダ王室との緊密な関係

オランダ王室との交流を例にとってみよう。

二〇一四年一〇月、前年に王位に就いたウィレム・アレクサンダー国王とマキシマ王妃が国賓として来日し、先の天皇、皇后両陛下は宮中晩餐会をもった。このとき四七歳の国王は、両陛下にとって子供のような存在だった。初めて会ったのは一九七九年に両陛下がオランダに立ち寄ったときで、アレクサンダー王子はまだ一二歳の少年だった。

天皇は晩餐会のおことばでこう述べた。

「（七九年に）ベアトリックス王女殿下のお招きで御一家とヘット・アウデ・ロー御用邸で過ごしました。御用邸近くの公園を御一家と馬車で回りましたが、まだ御幼少であった国王陛下とコンスタンティン王子殿下は、ポニーで馬車の後についていらっしゃいました。その時のことは、今も私どもの懐かしい思い出になっています。……（ベアトリックス女王を）国賓としてお迎えした一九九一年の御訪問には、当時皇太子でいらした国王陛下が御同行になり、かつてポニーで私どもの馬車を追っていらした陛下が健やかな青年に成長なさったお姿を、感慨深く思いました」

最初に会ってからアレクサンダー皇太子は一二回来日し、またその後、両陛下が国賓でオランダを訪問したときにも会うなど、その成長を見続けてきた。

これはベアトリックス女王とクラウス殿下夫妻と徳仁皇太子の関係においても同じことが言える。一九六二年以来、ベアトリックス女王は王女時代を含めて六回来日し、浩宮の成長を見続けてきた。二〇〇六年、女王は適応障害を患っていた雅子妃を、皇太子、愛子内親王とともに静養のためオランダに招き、離宮などで二週間、過ごさせたが、これも家族ぐるみの関係があってこそだ。

さらに秋篠宮夫妻、高円宮久子妃など他の皇族も、オランダの王族の結婚式や弔問で折々に訪問しており、同国一つとっても、天皇家と王家の間でいかに重層的、多角的な交流がなされてきたか分かる。こうした関係が大なり小なり欧州の各王室と持たれているのである。

徳仁皇太子は英国留学中（一九八三〜八五年）、休暇などを利用して欧州各国を旅行している。王室がある国に立ち寄れば、毎回、王族から手厚いもてなしを受け、皇室と欧州の王室の結びつきの強さを再認識する。このことは英国留学を終えて八年後に皇太子が上梓した『テムズとともに』の中でも明かしている。

「（八五年に）両親がノルウェーを訪問する際、先方の国王陛下のご配慮でノルウェーのベルゲンで久々に両親と再会し、向こうの皇太子ご夫妻（現国王王妃両殿下）とご一緒に船でフィヨルドを遡上し、船内に一泊したのも忘れられない。ノルウェーの両殿下の温かいもてなしぶりには、私も心の安らぎを覚えたし、ベルギー同様、皇室とノルウェー王室の結び付きの強さに改めて感銘を覚えた」

皇太子はオランダ、スペイン、ルクセンブルク、リヒテンシュタインの王室で受けたもてなしにも触れたあと、こう書いている。

「ヨーロッパの王族の方々からこのような温かいおもてなしを受けるたびに、私の両親が長年かけて築き上げてきた友情によるものであることを常に認識し、その恩恵を受けている自分が幸せだと思ったし、このような交際を次の世代にも継続していく必要性を強く感じた」

皇室と王室の家族ぐるみのつきあいを、世代を超えて引き継いでいく使命感がにじんでいる。

畏敬の念を表明した三人の元首たち

話を戻せば、若き皇族、王族たちはこうした家族ぐるみの交流を通して多くを学んでいる。相手の家長（天皇、国王、女王）の振る舞いや言葉から「君主はどうあるべきなのか」「国民とどう向き合うべきか」「両国の関係をよりよくするために自分たちは何ができるのか」のヒントをつかみ、自分がその地位に就いたときに生かそうとしている。つまり家族ぐるみの交流は国際親善でありながら、同時に何ごとかを学び合う機会にもなっていると言えるだろう。

徳仁皇太子がいみじくも指摘したように、先の天皇、皇后は一九五九年の結婚以来、カップルで数多くの元首、王族と交わり、友情を積み上げてきた。若いころは、年長の国王や女王や大統領が表舞台から退場するのを見届け、その後は自分たちと同世代の元首や、ときには自分たちより若い元首が先に退くのを見届けてきた。そして、自分たちが退場する番がやってきたのである。

皇室と家族ぐるみのつきあいをしてきた欧州の王室の人々は、寂しさと感謝の入り混じった思いをもって、皇室の家長である天皇と皇后の退位を受け止めたはずである。その証左として、天皇が生前退位の意向を表明した二〇一六年夏以降、国賓として来日した欧州の王室の三人の元首は、宮中晩餐会の答礼スピーチで、異口同音に両陛下への畏敬の念を表明している。

この三人とはベルギーとスペインの両国王、ルクセンブルクの大公だ。ふつう宮中晩餐会での国賓の答礼スピーチの結びは、自国と日本の良き関係を祝福し、両国民の相互理解と友好を祈念するのが定石になっている。宮中晩餐会は国と国の高いレベルでの友好関係を祝福するイベントであり、両陛下のことに触れてもその健康を祈るぐらいで、人間的な部分にまで踏み込むことはほとんどない。しかし三人はそこに踏み込んで言葉を紡いだ。家族ぐるみで長年交流し、間近に両陛下を見てきた一世代下の王族たちの思いがそこには込められていると見るべきだろう。

「日本の数多くの美点を体現」

生前退位をにじませた先の天皇のおことばから二カ月後の二〇一六年一〇月、ベルギーのフィリップ国王とマチルド王妃が国賓として来日した。一一回目の来日だった。国王は宮中晩餐会で、天皇の歓迎のおことばを受けて答礼スピーチに立った。その中で両陛下が故ボードワン国王、故ファビオラ王妃と築いた「共感と情愛に満ちた関係」を指摘し、一九八五年に故ボードワン国王の日本訪問に同行したことが自分の初来日で、それ以来、自分が少しずつ日本を発見してきたこと、歴史的にベルギーが日本の文化と芸術に強い影響を受けてきたことなどを語った。

その上で国王は、日本の誇るべき美点として「集団の利益と個人の意欲の均衡」と「近代化と伝統的価値の両立」を挙げた。個人主義が大きな潮流となるなか、「集団の利益と個人の意欲の均衡」は個人主義の行き過ぎに対する切り札となること、またグローバリゼーションの圧力にさらされている今日、「近代化と伝統的価値の両立」は混乱に対する盾となると指摘し、次のようにスピーチを締めくくった。

「両陛下は、貴国の国民の皆様の喜びと苦しみを担いつつ、私がさきほど簡単にふれました日本の数多くの美点を体現して来られました。両陛下が日本国民および全世界に示されている誠実で叡智に富み、思いやり深い姿勢に心からの敬意を表します。ご臨席の皆様、天皇、皇后両陛下のご健康を祈念いたしまして、乾杯したいと思います」

この段落は、言うまでもなく両陛下に向けられている。天皇が退位の意向を表明して二カ月後ながら、「退位は動かない流れ」とのベルギー政府の分析を基にこのスピーチは書かれたことが窺える。

二〇一七年四月、国賓として来日したスペインのフェリペ六世国王とレティシア王妃を歓迎する宮中晩餐会が持たれた。その答礼スピーチを見よう。

国王は両国の関係が四六八年前、スペイン人宣教師フランシスコ・ザビエルが日本に到着したときに始まり、一九世紀に入って正式な外交関係が結ばれ、以来、お互いに憧憬、尊敬、親愛の情を持ち続けてきたと指摘。そして両国の政治、経済関係、交流に一通り触れた後、トーンを変えこう述べた。

「しかし本日、私がこの機会に特にお伝えしたいことは、天皇、皇后両陛下への私共の深い敬愛と憧憬です。両陛下は常に国民のために奉仕するという姿勢を貫かれ、その御姿こそ、世界中の人々が尊敬する日本の生きたイメージでいらっしゃるのです。ここで、日本とスペイン両国の相互理解と友情が一層深められ、日本国民の繁栄と幸福、両陛下のご健勝を祈念して乾杯し、私の言葉とさせていただきます」

フェリペ国王も「国民のために奉仕する」姿勢を両陛下から学んだことを示唆するとともに、日本のイメージを体現する両陛下への敬愛と憧憬を強調して結んだ。

この七カ月後の一一月、ルクセンブルクのアンリ大公とアレクサンドラ王女が国賓として来日した。大公は宮中晩餐会の答礼スピーチを、自分と日本の出会いから説き起こした。

「西洋人にとって、日本とその文明の発見は、他に例のない経験であります。私は、身分を隠しバスで日本中を旅した一九八一年のことを今もよく覚えております。……当時新婚だった私共は、北海道などの素晴らしい景勝地を初めて訪れました。私は、その時に出会った少年少女たちが遠いルクセンブルクを知っていたことに驚き、日本の教育水準の高さに感動を覚えたものです」

大公は開発援助、金融、ハイテク分野、学術などでの両国の協力に祝意を示したあと、こう結んだ。

「伝統への愛着と近代的なものへの開放性が他に例のない形で融合した日本は、今後も私共を魅了し続けるでしょう。陛下は、この変わらぬ『日本の魂』を体現され、貴国民の敬愛と国境を越えた尊敬を集めておられます。これこそは、私が『近代性と平和』の天皇であられる陛下に敬意を表したい所以《ゆえん》であります。諸閣下、皆様、天皇、皇后両陛下の御健康と両国民の友情を祝し、御一緒に乾杯をいたしたいと存じます」

アンリ大公も「日本の魂」を体現する天皇に敬意を表した。

難しいかじ取りを強いられる欧州の王室

三人は両陛下にとって息子世代だ。生まれはフィリップ国王が一九六〇年、フェリペ六世国王が六八年、アンリ大公が五五年。いかにこの三人のスピーチが異例であるかを知るため、天皇が退位の意向をにおわせた後に国賓として来日した共和制の国の元首二人（シンガポールとベトナム）の答礼スピーチと比べてみよう。

二〇一六年一一月に来日したシンガポールのトニー・タン大統領は、宮中晩餐会の答礼スピーチで、両国の政治、経済関係と友情の深まりに祝意を示したあと、こう結んだ。

「両国は今後何年にもわたり友情と協力を発展させる中、引き続き更に多くを達成するものと確信しております。それでは皆様にご起立頂き、ご一緒に乾杯を致したいと存じます。天皇、皇后両陛下に、日本国民の皆様に、そしてシンガポールと日本の変わらぬ友情に Kanpai! Arigato Gozaimasu!」

二〇一八年五月、国賓として来日したベトナムのチャン・ダイ・クアン国家主席（大統領）は、宮中晩餐会の答礼スピーチをこう締めくくっている。

「両国民間の温かな友情が満ち溢れる中、ここに皆様と共に、天皇、皇后両陛下の御健勝、日本国の繁栄と日本国民の御多幸、ベトナムと日本の友好協力関係の絶えざる強化と発展、御列席のすべての皆様の御健勝を祈念し、杯を挙げたいと思います。ありがとうございました」

この二人の元首は乾杯に際して両陛下の健康や幸せを祈っているが、それ以上ではない。天皇の人間的側面に踏み込んで深い畏敬の念を表明したベルギー、スペイン、ルクセンブルクの三人のスピーチ内容とは明らかに異なる。家族ぐるみで皇室と交流してきたのと、一定期間だけ権力の座にある政治家の違いでもあるが、もう一つ言うなら王室の三人のスピーチは自らに向けた言葉でもあるように思われる。

グローバリズムの時代にあって欧州の王室は難しいかじ取りを強いられている。二〇世紀を通じて、革命や政変などで世界の王室が大きく数を減らしたことはこの章の冒頭で述べた。「二〇世紀は君主制危機の時代だった」という指摘もあるが、二一世紀に入ってから各国の王室は前世紀とはまた違った時代の挑戦を受けている。王室同士の交流や華やかな結婚式の話題で多くが占められる欧州の王室だが、ひと皮めくればポピュリズムの広がりが、それまで国と国民を統合する役割を果たしてきた王室を揺さぶり、一部地域の分離独立運動の高揚は王室の立ち位置を難しくしている。とくにベルギーとスペインについてそれが言える。

欧州三国それぞれの事情

ベルギーのフィリップ国王は二〇一三年七月、父アルベール二世から譲位された。当時、七九歳だった父王が譲位に踏み切ったのは年齢的理由もさることながら、自分が元気なうちに政治経験を積ませる狙いがあったと言われる。

同国は北部のフラマン地方（オランダ語圏）と南部のワロン地方（フランス語圏）の政治・経済的対立が分離独立含みで続いてきた。一〇年からは五四一日の政権不在が続いたが、このときアルベール二世は政治家を説得し、合意にこぎつけた。その手腕は両地方の政治家から称賛された。息子のフィリップ皇太子はそうした政治的資質が未知数で、譲位によって少しでも多くの経験を積ませたいとの思いがあったと言われる。

一方、スペインのフェリペ六世が父フアン・カルロス一世の退位に伴い国王の地位に就いたのは一四年六月。フアン・カルロス一世は高失業率の中、アフリカのボツワナでゾウ狩りを行っていたことや、娘のクリスティーナ王女の夫の公金横領疑惑などでイメージが失墜。国民の過半数が国王不支持という世論調査の結果が出て、退位に踏み切った。

当初、フェリペ六世に対する支持は高かったものの、一七年一〇月、国王はカタロニア自治州が独立の是非を問う住民投票を強行したことを批判した。専門家からは「一方を批判することで国を統合するという役割を放棄し、君主制を危機にさらした」との指摘も出た。同国では共和制を支持する世論が常にそれなりのレベルであり、一つ間違えると反王室の気運に火が付く危うさがある。

ルクセンブルク王室はベルギーやスペインのような差し迫った問題は抱えていないが、ポピュリズムが高揚する時代、ちょっとした失態がいつ反王室の世論となるか分からない。欧州の王室の中心的存在の英王室とて同様だ。一九九七年にダイアナ元妃がパリで事故死した際、「エリザベス女王の対応が冷たい」と元妃を悼む世論の非難が高まり、女王は急遽《きゅうきょ》滞在していたスコットランドのバルモラル城からロンドンに戻った。そして特別声明を出し、バッキンガム宮殿に半旗を掲げて、世論の鎮静化を図らざるを得なくなった。このように王室は常に世論の動向を測り、自分の役割を自問自答し、身を処していかねばならない時代になっている。

このような難しい時代、どの王室も他の王室（皇室）がどのように国民と接し、振る舞い、どう王室の伝統を現代に調和させようとしているかを見ている。三人の国王たちは若いときから、両親の世代の天皇、皇后の立ち振る舞いや言葉を通して、自分たちがその立場になったときの参考にすべく学んできたはずである。

また三人は答礼スピーチで、両陛下の果たしてきた役割を具体的に挙げた。「喜びと苦しみを国民と共有してきた」（ベルギー）、「国民に奉仕する姿勢」（スペイン）、「伝統と近代的なものの融合を体現してきた」（ルクセンブルク）。実はこれらは自分たちに課せられた課題であることを三人は強く認識しており、それを長年貫いてきた両陛下に対する畏敬の念をスピーチの言葉で紡いだといえるだろう。

最後の訪問国はベトナム

天皇、皇后が国賓として訪問した最後の国は二〇一七年二月から三月にかけて訪れたベトナムで、チャン・ダイ・クアン国家主席がホストとなった。一方、両陛下が接遇した最後の国賓も一八年五月に来日した同国家主席だった。この一致は偶然だが、日越両国の蜜月を物語る。

一七年二月二八日、天皇、皇后は国賓として五泊六日の日程でベトナムを訪問した。出発に先立ち羽田空港で、天皇は「私どもの訪問が両国の相互理解と友好関係の更なる増進に資することを願っております」とおことばを述べた。ベトナム訪問は皇太子時代も含めて初めてだった。なお帰路、タイに立ち寄り、プミポン前国王の弔問を行うことになっていた。

ハノイの空港には国家副主席らが出迎え、翌三月一日、国家主席府の前庭で歓迎式典がもたれた。クアン国家主席夫妻が両陛下を歓迎し、両国国歌吹奏に続き、天皇は軍儀仗隊の栄誉礼を受けた。行事のあと、両陛下はベトナム建国の父、ホー・チ・ミン廟で献花した。その夜、クアン国家主席夫妻主催の歓迎晩餐会が開かれた。

同国家主席は歓迎スピーチで、八世紀からの両国の交流史をたどり、文化の共通点、歴史的な絆、両民族の友情、共通利益が両国関係の強固な基盤となっていると指摘。その上で明治天皇の歌「もろともにたすけ交はしてむつびあふ　友ぞ世に立つ力なるべき」を引いて今日の両国に重ねた。ベトナムにとって日本は最重要なパートナーであり、両陛下がこの訪問で素晴らしい体験と印象をもたれることを祈っていると述べ、杯を挙げた。

答辞に立った天皇は、両国の交流史に触れながら、二〇世紀初頭にはベトナムの「東《ドン》遊《ズー》運動」で約二〇〇人の若者が日本に留学したこと、現在は約一八万人のベトナム人が留学生、技能実習生として日本に滞在し、またベトナムにも日本人約一万五〇〇〇人が住むなど、両国の交流が深まっていることを嬉しく思っていると述べ、「私どもの訪問が、両国国民の相互理解と友好の絆を更に強める一助となることを心から願っています」と杯を挙げた。

翌二日、両陛下は日本の大学などで学んだ元留学生や、経済連携協定（ＥＰＡ）に基づき訪日する予定の介護福祉士候補者らと懇談。天皇は元留学生らに「どういうことから日本に関心を持ったのですか」と尋ね、介護福祉士候補者には「日本は福祉士が不足しているから、交流されることをうれしく思います」と話しかけた。

元日本兵家族を慰労

宿泊先のホテルでは、第二次大戦後にベトナム独立運動に加わった元日本兵のベトナム人の家族一五人と面会した。高齢の妻と子どもたちで、子どもといっても六〇代、七〇代になっていた。戦争で苦難を味わった人々に寄り添い、慰めるのを自分たちの責務としてきた両陛下はこの面会を強く希望していた。

日本軍は太平洋戦争前の一九四〇年に仏印（フランス領だった現在のベトナム、ラオス、カンボジア）に進駐。終戦時には約九万人の日本兵がいたが、一部はベトナム独立運動への共感などから現地に残留。ホー・チ・ミン率いるベトナム独立同盟（ベトミン）に加わり、フランス軍との第一次インドシナ戦争に参加した。元日本兵は約六〇〇人いたといわれ、ベトミン軍の近代化に尽力し、軍学校の教官を務めた人もおり、彼らはベトナムの女性と結婚し、家庭も持った。

しかし五四年のジュネーブ協定でフランス軍が撤退したあと、ベトナムは米国が支援する自由主義圏の南ベトナムと、中ソが後押しする社会主義圏の北ベトナムに分裂。北に残った元日本兵は単身帰国を余儀なくされ、帯同を許されず現地に残ったベトナム人妻子は「日本ファシストの家族」として長年差別を受けてきた。

夫と離別し、子どもを女手一つで育てたグエン・ティ・スアンさん（九三歳）は、天皇に「ベトナムに残った家族にお心をかけてくださっていることに感動しています」と話し、ハンカチで涙をぬぐった。苦労しながら子育てをしたというスアンさんの話を、天皇は身をかがめて聞き「本当に大変でしたね。いろいろご苦労もあったでしょう」と声をかけた。

高齢のスアンさんには椅子が用意されたが、両陛下と話すため、何度も立ち上がった。そんなスアンさんに、皇后もしゃがみ込んで手を取り「どうぞ、お大事に」と声をかけた。子どもたちも皇后の手を握りしめ、肩を震わせながらむせび泣き、言葉が出てこない男性もいた。皇后は「長いことご苦労さまでした。お会いできて本当にうれしく思います」と語りかけた。面会は予定を大幅に超えて三〇分以上にわたった。

面会を終えたスアンさんは「両陛下の手を握り、感動しました。戦争でさまざまな困難に遭ったが、いまは平和になった。これから両陛下が元気でいられることを祈ります」と語った。この面会から一〇カ月後の二〇一八年一月、スアンさんは亡くなった。葬儀には多数の親族に混じって、駐ベトナム日本大使館の梅田邦夫大使も参列した。

枯れ葉剤、東遊運動

両陛下にとってベトナムは一九六〇～七〇年代のベトナム戦争の記憶と強く結びついていたはずだ。南ベトナム（当時）の解放を目指して南ベトナム解放民族戦線が「南」で結成されたのは六〇年。米軍の介入によって七五年まで激しい戦いが繰り広げられた。

いまも残る深い痕跡を両陛下が感じ取ったのは、米軍が散布した枯れ葉剤の影響とみられる結合双生児の弟として生まれたグエン・ドクさん（三六歳）との面会だっただろう。一九八一年、兄のベトさんと下半身がつながった状態で生まれ、八八年、分離手術に成功した。しかしベトさんは二〇〇七年に死去。ドクさんは手術で片足を失った。

三月二日夜、ホテルで開かれた日本大使主催のレセプションに、ドクさんは夫妻で出席。両陛下と握手を交わし、「二人の子どもに恵まれました」とあいさつすると、両陛下は「どうぞお元気でいらしてください」（天皇）、「お元気でいらっしゃると、みんなどれだけ喜ぶことでしょう。ご家族一緒にお元気でね」（皇后）と述べた。

ベトナムは共産党書記長、国家主席、首相、国会議長を中心とする集団指導体制をとっており、ハノイ滞在中、両陛下はこの四人と面会した。四人のうちトップのグエン・

フー・チョン党書記長夫妻との面会は古都フエに移動する前の三日、共産党別荘で行われた。書記長が「両国関係で歴史的な意義のある新たな一歩と確信しています」と歓迎。陛下は「ベトナムがさまざまな困難を乗り越え、発展を遂げていることに敬意を表します」と伝えた。宮内庁によると、書記長が党別荘で国賓と会見するのは初めて。通常は党本部で行われるが、ベトナム側が両陛下に配慮し、宿泊先ホテル近くの党別荘になったという。

フエはベトナム最後の王朝、グエン朝の都として栄えた。王宮を訪れた両陛下は、ベトナムの宮廷音楽で「ニャーニャック」と呼ばれる雅楽を鑑賞。またフランス占領下の独立運動の指導者ファン・ボイ・チャウ（一八六七〜一九四〇年）の記念館も訪ねた。

ファン・ボイ・チャウは一九〇五年、明治維新を成功させた日本に軍事支援などを求めて来訪。面会した犬養毅や大隈重信らから「人材育成が先決」と説かれ、若者を日本に留学させる「東遊運動《ドンズー》」を主導した。天皇が歓迎晩餐会の答辞でも触れた運動だ。しかしフランスは日本に留学生らの国外追放を要求。日本を離れたチャウは中国に渡って独立運動を続けるが、その後逮捕され、四〇年に亡くなるまでフエで軟禁された。

プミポン前国王の弔問

三月五日、ベトナム訪問の全日程を終えた両陛下は、二〇一六年一〇月に八八歳で亡くなったタイのプミポン前国王の弔問のため政府専用機でバンコクに向かった。この弔問は「近くに行くのだから、ぜひ伺いたい」との両陛下の強い思いで実現した。皇室はタイ王室とも家族ぐるみの交流をつづけてきたが、その軸になっていたのが両陛下とプミポン前国王だった。

両陛下が初めてタイを公式に訪問したのは皇太子、皇太子妃だった一九六四年である。前国王はその前年に日本を国賓として訪れており、昭和天皇の名代としての答礼訪問だった。このとき両陛下は前国王が運転する車に乗り、山あいの村落を訪れ、また国民生活の向上のため前国王が王室の財産を注ぎ込んで行っている農業や水産業などの事業を視察した。

プミポン前国王が食糧難克服のためアフリカ産の淡水魚ティラピアの養殖を行っていると聞いた皇太子は、魚類の研究者としての知識から、当時の住まいの東宮御所で飼育していた別種のティラピアの方が大きくなるはずと伝え、帰国後に五〇匹の稚魚を贈った。前国王はこの稚魚の繁殖に成功し、いまでは大衆魚になっている。

先の天皇は皇太子時代に計六回、タイを訪れた。天皇即位後の一九九一年、美智子皇后と初めて訪れた外国もタイだった。二〇〇六年にはプミポン国王即位六〇周年記念式典に出席するため再訪している。このとき前国王は両陛下を公式晩餐会のほか私的な夕食会でもてなし、さまざまなイベントで特別席を用意した。

天皇はプミポン前国王を「苦労と努力を重ね、いまのタイを築く上に大きく寄与された」と称えており、また前国王も天皇が平和国家日本の象徴としてやってきたことを高く評価し、双方は「互いを敬い合う特別な関係」(宮内庁関係者)を築いていた。

さて、弔問のためバンコクに到着した両陛下は、宿泊先のホテルで前国王の次女シリントン王女から歓迎の花束を受け取った。同王女は聡明で気さくな性格で知られ、来日回数も多く日本との関係が深い。両陛下は王宮で、前国王の遺体が安置された祭壇に供花し、何度も深く頭を下げ、若き日の前国王との思い出を懐かしむように、じっと祭壇を見つめた。肖像画が掲げられた別室の祭壇前で記帳したあと、アンポンサターン宮殿内でワチラロンコン新国王と会見した。

バンコクに一泊し翌三月六日、両陛下は全日程を終え帰国した。

最後の国賓

二〇一八年五月二九日から六月二日まで、ベトナムのチャン・ダイ・クアン国家主席夫妻が国賓として来日した。前回、同国のチュオン・タン・サン国家主席が国賓として招かれたのは四年前。今回は一七年の天皇、皇后両陛下の訪越の返礼という意味もあったのだろうが、ふつう一〇年以上は間を置く同じ国からの国賓としての招待を、四年間に二回も行うのは珍しい。

五月三〇日午前、クアン国家主席夫妻の歓迎行事が、両陛下や皇太子夫妻ら皇族、安倍晋三首相夫妻、閣僚らが参列して皇居・宮殿前の東庭で行われた。

陸上自衛隊の第302保安警務中隊と中央音楽隊で編成された儀仗隊が威儀を正すなか、ベトナム国歌と君が代が演奏され、クアン国家主席は栄誉礼を受けた。続いて荘重な「巡閲の譜」の曲が奏でられ、招かれた在日ベトナム人らが両国の小旗を打ち振るなか、国家主席は儀仗隊長の先導で儀仗隊を巡閲した。

歓迎式典が終わると、両陛下と国家主席のカップルは宮殿「竹の間」で懇談した。前年に両陛下がベトナムを訪問したときにはクアン国家主席夫妻がホストを務めており、天皇は「ベトナム訪問を懐かしく思い出します」と述べた。また天皇が「日本ではベトナムの人たちは幸せに暮らしていますか」と質問すると、国家主席が「多くのベトナム人が学んだり、職場で活躍しています」と答えた。陛下は「そのような交流は極めて重要だと思います」と述べた。

このやり取りには前提がある。前日、来日したクアン国家主席は、その足で群馬県榛《しん》東《とう》村にある精密部品メーカーの小金井精機製作所前橋工場を視察した。同製作所はベトナム人社員を積極的に採用しており、技術者二四〇人のうち三九人がベトナム人。国家主席一行はベトナム人社員やその家族から歓迎を受け、会社幹部の案内で工場内や製品を見て回った。またベトナム人の給料が日本人と同じであると説明を受けた。視察後、クアン国家主席はベトナム人従業員と家族を前に「ベトナム人技術者が日本人の同僚と団結して働き、生き生きと生活していることは両国関係の発展にも貢献できる。今後も日越交流のモデルとなって頑張ってほしい」と述べている。

天皇はクアン国家主席の工場視察を事前に聞かされており、先のようにたずねたのだった。ちなみに工場のある群馬県も自治体外交でベトナムとの関係を強めている。県では一六、一七年に大沢正明知事がベトナムを訪問し、経済交流と人材の育成と活用に関する覚書を結んだ。人口減少にあって、ベトナムは人材供給面からも重要な国になっている。

歓迎式典のあった三〇日の夜、両陛下主催の宮中晩餐会が持たれ、皇族、安倍晋三首相夫妻、日越親善に努めてきた俳優の杉良太郎さんら約一五〇人が招かれた。

天皇は前年のベトナム訪問で心のこもったもてなしを受けたことに感謝の意を表し、二〇世紀初頭に「東遊運動《ドンズー》」を興した独立運動家ファン・ボイ・チャウや、第二次大戦後もベトナムに残って、対仏独立戦争をベトナムの人たちと共に戦った残留日本兵などに触れながら、両国の交流をたどった。

また訪問中に会った日本への留学を経て母国で活躍するベトナム人、ベトナムで活躍する青年海外協力隊員、日本企業の駐在員などに触れ、「このような人々がこれから長きにわたり日越両国の架け橋となっていくのであろうと、うれしく思いました」と述べ、両国の友好協力が一層深まることに期待を表明して杯を挙げた。天皇の歓迎の辞には前年の訪問が随所に反映された。

二つの御歌

クアン国家主席は答礼スピーチで、両陛下がベトナム訪問後に、同国を歌に詠まれたことを取り上げ、「二つの御歌はベトナムの何百万人もの心を揺り動かしました」と述べた。またベトナムと日本の広範な戦略的パートナーシップが発展していることに祝意を表し、日本がベトナムにとって最大の政府開発援助（ODA）供与国で、二六万人以上のベトナム人が日本で暮らし、二万人近くの日本人がベトナムで活躍していることを指摘。今回の訪日で両国関係をさらなる段階に導きたいと話し、乾杯した。

前年、天皇はベトナムを訪問した時のことをこう詠んでいる。

戦《いくさ》の日々人らはいかに過ごせしか思ひつつ訪《と》ふベトナムの国

対仏独立戦争、ベトナム戦争、カンボジア侵攻、中越戦争と、幾多の戦争と紛争をくぐりぬけてきたこの国の人々の苦難に思いを馳せた歌だ。

一方、皇后はこう詠んだ。

「父の国」と日本《にっぽん》を語る人ら住む遠きベトナムを訪《おとな》ひ来たり

歌の詞書《ことばがき》に、「第二次大戦後、ベトナムに残留、彼地に家族を得、後、単身で帰国を余儀なくされし日本兵あり」とある。ベトナム訪問時の残留日本兵の家族との面会が皇后の心に深く刻印されたことが窺える。同じアジアながら「遠きベトナム」という言葉に、歳月を経てやっと訪れることができた国、との思いが込められている。前年、両陛下を歓迎する晩餐会でもクアン国家主席は明治天皇の歌を引いた。このあたり、ベトナム側は相当に調べてスピーチを準備している。

さて、この夜のメニューである。

清羹《すまし》
伊佐木《いさき》牛酪《ぎゅうらく》焼
羊腿肉蒸焼
サラダ
富士山型アイスクリーム
果物

シャブリ　グランクリュ　ヴォデジール　1999年
シャトー・オー・ブリオン　1996年
シャンパン　ドン・ペリニョン（モエ・エ・シャンドン）　1999年

清羹はコンソメ、伊佐木牛酪焼はイサキのムニエル、主菜は羊の腿肉。デザートの富士山型アイスクリームも宮中晩餐会では決まって出される。ワインはいつものように、白は仏ブルゴーニュ地方、赤は仏ボルドー地方の、いずれも最高級。シャンパンのドン・ペリニョンも祝宴の時の定番である。

前年の訪問時、両陛下は古都フエで、皇室に伝わる雅楽と起源が同じとされる宮廷音楽の「ニャーニャック」を鑑賞した。この日の晩餐会では、八世紀にフエから日本に伝わった「抜頭《ばとう》」という雅楽の曲が宮内庁楽部により演奏された。晩餐会は和やかに進み、午後九時過ぎにお開きとなった。

お別れのあいさつ

クアン国家主席は翌五月三一日、安倍首相と会談し、中国が海洋進出を強める南シナ

お別れのあいさつのため迎賓館を訪れた先の天皇皇后両陛下

海情勢を念頭に海洋安全保障での連携強化で一致した。自衛隊艦船などのベトナム訪問を通じた防衛協力の促進も確認。北朝鮮の非核化実現へ向けた取り組みを継続する方針も共有した。また、約一五六億円の円借款供与と約二六億円の無償資金協力の実施を決めた。これは、ベトナムの職業訓練機関の設備充実のためにも使われる。

六月一日には、クアン国家主席が外交関係樹立四五周年を記念する答礼レセプションを明治記念館で開いた。国家主席夫妻に出迎えられた両陛下は、バイオリンやベトナムの伝統楽器の演奏に耳を傾け、関係者と懇談した。

即位して三〇年の間に天皇、皇后が接遇した国賓は六三件になる。その最後の国賓、クアン国家主席夫妻が離日する二日、両陛下は夫妻が宿舎とする東京・元赤坂の迎賓館赤坂離宮を訪ね、お別れのあいさつをした。約二〇分間の懇談で、両陛下は「今回の訪問が両国の友好関係の増進につながることを願っています」と語った。皇居に戻る両陛下の車を、クアン国家主席夫妻はいつまでも見送った。

しかしこの三カ月後の九月二一日、クアン国家主席死去のニュースが流れた。六一歳だった。国営ベトナム通信によるとクアン氏はがんを患っていて、内外で治療を受けていた。末期がんを押して両陛下をベトナムに迎え、今度は訪日して両陛下との再会を祝し、最後まで両国のさらなる関係強化に尽力したのだった。

第六章　新天皇へ受け継がれるもの

ご成婚で重要な役割

新天皇のものの考え方、見方に影響を与えた人は多々いるだろう。また人によって影響を与えた内容も異なって当然である。それを前提として言うならば、大きな影響を与えた一人に元東宮侍従長の故・山下和夫氏を挙げても差し支えないと思われる。

山下氏は外務省出身で、駐モロッコ大使、駐アルゼンチン大使を務め、退官した一九八九年六月から九五年九月までの六年三カ月、徳仁皇太子専属の東宮侍従長を務めた。宮内庁には二度目のご奉公で、最初は八〇年代初め外務省から出向し、三年間、式部副長を務めている。

東宮侍従長として山下氏が徳仁皇太子のご成婚で重要な役割を果たしたことはよく知られている。一度は妃候補として消えかけた外交官の小和田雅子さんを、皇太子の強い意向を呈して藤森昭一宮内庁長官、宮内庁参与の団藤重光氏らを交えた会議（一九九二年四月）で、再び候補として挙げる上で大きな力となった。

また出身の外務省人脈を生かし、雅子さんとの再会に尽力した。千葉県市川市にある皇室の新浜鴨場での皇太子と雅子さんの二人だけのデート（九二年一〇月）では、目立たぬよう自らマイカーを運転して二人のお弁当を赤坂の店で調達し、デート場所の新浜《しんはま》鴨場《かもば》に向かう皇太子の車を追いかけた。皇太子と雅子さんのご成婚（九三年六月）に至るプロセスには常に山下氏がいた。

山下氏は「殿下のお気持ちが一番大事です。殿下が願うことは東宮侍従長として全力を挙げて実現させたい」「仕えている間は自分が外交官として経験したこと、蓄積した知識、ものの見方をできるだけ殿下に伝え、それが少しでも殿下のご参考になれば嬉しい」と私に語っている。

同氏は敬虔なカトリック信者だった。人の善意を前提として人とつき合い、ものごとを考える人でもあった。嘘をついたり、ごまかしたり、ましてや人を裏切るという言葉は山下氏にはないのではないか、と思わせるような人だった。そうした山下氏の人柄は、皇太子に「この人は自分の味方になってくれる」との安心感を与えたであろうと想像する。

筆者と山下氏の個人的関係

私がそこまで新天皇と山下氏の関係について具体的に語るのは、個人的に昔から山下氏と懇意にしていて、同氏が亡くなる前まで仕事を抜きにしたつき合いがあったからである。そもそものきっかけは山下氏と我が両親とのつき合いに始まる。横道に逸《そ》れるが、いきさつを述べておこう。

私の父も外務省職員で、山下氏と最初に出会ったのは一九五〇年代半ば、家族でサイゴン（当時の南ベトナムの首都、現在のホーチミン市）に赴任したときだった。同氏はフランスでフランス語研修を終えたのち、当時はフランス語圏だった南ベトナムの日本大使館に外交官補として配属されていた。

南ベトナムがフランスから独立した直後で、外国語の学校というと植民地時代からのフランスの学校しかなかった。私は小学校低学年で、学校の選定から入学手続きまで、フランス語に堪能な山下氏がやってくれた。また右も左も分からないまま放り込まれた私に、A《アー》、B《ベー》、C《セー》の発音から始まって、フランス語の手ほどきをしてくれたのも山下氏だった。

若いながら礼儀正しく人柄のいい山下氏を両親は可愛がり、「一人で寂しく食事をするくらいならウチにいらっしゃい」とよく家に招いた。同氏がマラリアにかかったり、お腹をこわしたりしたときは、家に泊め、母がお粥など消化のいいものを作ったりしていた。また結婚の相談にも乗り、母は女の立場からいろいろアドバイスしていた。このときのことに山下氏は終生、恩義を感じていた。

敬虔なカトリック信者ぶりはサイゴンでもそのままで、毎日曜日、カトリック教会に足を運ぶのを欠かさなかった。私を連れて外出したとき、物乞いが寄ってくると必ずいくらかのお金を渡した。

サイゴンを離れてからも、山下氏と我が家のつき合いは続いた。職業柄、同時期に日本にいることは少なかったが、私の両親が外国に出ているときは、日本に残った学生の私になにくれと気を使ってくれた。帰国後、私がフランス語の授業があるミッションスクールに入れたのも、同じ学校出身で、秀才の誉《ほまれ》高かった山下氏の紹介があればこそだった。私が高校卒業後に洗礼を受けたときは代父になってくれ、忙しい仕事の合間を縫って駆けつけてくれた。

二〇歳ほど歳が離れた山下氏と私の間で、大人のつき合いが始まったのは、私がジャーナリストになってからだった。直接、仕事でかかわり合いを持つことはなかったが、時折、会って四方山《よもやま》話をした。山下氏が宮内庁に出向して式部副長になったばかりの一九八〇年、私が国際政治を担当する外信部に配属された機会に食事に誘ってくれた。このとき私が近く欧州に出張し、オランダに立ち寄ると知って宿題を出した。

「(昭和)天皇が欧州を歴訪した際、オランダで激しいデモに見舞われたのは知ってますね。日本人にふだん恨みを抱いているように見えないオランダ人が、なぜ天皇にあれほど激しい感情を見せたのか。現地で取材し、僕に『オランダの対日観』のレポートを出してくれないか」

昭和天皇は七一年に訪欧した際、オランダに非公式で立ち寄った。このとき激しいデモに見舞われ、天皇、皇后両陛下の乗った車に魔法瓶が投げつけられ、フロントガラスにひびが入った。両陛下が泊まったホテルも終日デモ隊に囲まれる騒ぎとなった一件である。

結局、この出張で私はオランダのハーグに二泊しただけで、レポートを書くだけの取材もできず、約束は果たせずじまいに終わった。しかしこのときの山下氏とのやりとりは私の脳裏に残り、本書の第二章にも織り込んだように、「日蘭の歴史問題」を書く誘い水になったことは間違いない。

「皇太子は昭和天皇に似ている」

山下氏と最後にじっくり話したのは一九九五年の春、場所は母の暮らすマンションだった。山下氏はサイゴン時代から一〇歳ほど年上の私の母を姉のように慕い、父が亡くなってからも、一人暮らしの高齢の母の元に時折、顔を出してくれていた。このとき、母を交えて三人で夜遅くまで話し込んだ。

間もなく宮内庁を退官する気軽さも手伝ってか、山下氏は皇太子と雅子妃の極秘デートなど、大部分はすでに報道された内容ではあったが、細部に至るまで披露してくれた。大正世代の母も皇室の話は大好きだから盛り上がり、話は皇太子の人柄に及んだ。山下氏はこう語った。

「皇太子は昭和天皇に似ていると思います。慎重で、じっくり周りの状況を見て、相手の立場をまず考える。こう言ったら相手を困らせるのではないか、相手の立場を失わせるのではないか、と思われる。気を使われるのです。そして几帳面です。物事を適当にしたり、中途半端にしたりすることが嫌いで、一つ一つきちんと確認したうえで次に進まれる。今上天皇は結構、直截《ちょくせつ》に、ストレートにものごとを口にされますが、このあたりが皇太子は違います」

山下氏は八〇年代初めに式部副長だったとき、昭和天皇、まだ皇太子だった先の天皇と美智子妃、学習院大学の学生である徳仁親王の三代に同時に仕えている。昭和天皇、先の天皇との比較も、身近に見ていたからこそだろう。

「一緒に国内を旅行すると、皇太子は風景や目に入るものをじっと観察しています。歴史的ないわれのあるものについては、ご自分からいろいろ質問をされます。観察力と知的好奇心も昭和天皇に似ていると思う。これからいろいろ経験を積まれていきますが、皇太子は立派な天皇になられるだろうと感じています」

「長男は母親っ子になるといいますが、皇太子は母の美智子妃を心から尊敬しています。民間から嫁いだ母親の苦労を間近に見ていて、そのなかで今日までやってこられた母への愛しい思いもある。母のような思いを雅子さまにはさせまいと思われているのは近くで見ていても感じられます」

この年の九月、山下氏は宮内庁を退官し、私は翌九六年五月、新聞社の異動でローマに特派員として赴任した。山下氏の訃報を聞いたのは、ローマに着いて一週間ほどしたときだった。千葉県内でゴルフをしている最中倒れ、病院に運ばれたが、そのまま帰らぬ人となった。六七歳だった。葬儀は、千代田区麹町の聖イグナチオ教会で営まれた。

外務省出身の東宮侍従長

山下氏が新天皇に遺したものは何だろう。一般には雅子妃とのご成婚での役割というところに集約されるが、それはそれとして、「国際社会と日本」についてさまざまな視点から興味深い示唆を与えたのではないかと私は思っている。世界の見方、国際政治の力学のなかにおける世界と日本の関係、世界が日本に注ぐ視線など、だ。

同氏は外交官として足元は現実主義者だが、常に理想主義的なところに視線を据えていた。人間の善意を信じる敬虔なカトリック信者であったことも無視できないが、一七歳で終戦を迎え、日本が独立を回復した一九五二年に外務省に入省し、日本が国際社会のなかで地歩を築いていく外交の最前線でやってきた経験も影響していたと思われる。

山下氏が東宮侍従長に任命されたのは、昭和天皇が逝去して五カ月後の八九年六月だった。式部副長時代に同氏の人柄をよく知っていた先の天皇、皇后両陛下が、徳仁親王の世話係として強く望まれたとの話を聞いているが、私が注目するのは任命の時期である。

宮内庁の前身である宮内府が発足した四七年以降、山下氏が東宮侍従長になるまで九人がこのポストについているが、皇室に仕えてきた東宮侍従経験者など国内派がほとんどで、国際派は元駐レバノン大使の山口広次《ひろじ》氏（在任：八三年六月〜八六年四月）ただ一人だった。

両陛下は息子の徳仁親王が皇位継承順位一位の皇太子となったのを機に、国際社会のことをより広く学んでいく上で山下氏によき助言者になってほしいと願ったのではないだろうか。また両陛下が外国を訪問するのは基本的に国賓としてであり、簡単には外国に行けなくなる。そんな両陛下に代わって皇太子が機動的に国際親善を果たさねばならない機会が確実に増える。

ただ山下氏が東宮侍従長に起用される伏線として、同氏が駐モロッコ大使のとき、モロッコ王室と皇室を結びつける大きな役割を果たしたことも説明しなければならないだろう。

興味深いというべきか、むしろ当然というべきか、外務省出身者で宮内庁に一時出向し再び本省に戻って外国に赴任する大使の多くが、皇室外交の重要性に改めて気づき、皇室と任地の国の関係を強めるべく努める。ましてや任地が王室の国となるとなおさらだ。

二〇〇五年から〇八年まで約三年間、駐タイ大使だった小林秀明氏は、赴任前の三年間、宮内庁に出向し、東宮侍従長を務めた。その小林氏がバンコクに赴任してまず計画したことが、なるべく早い時期にタイ王族を公邸の食事会に招くことだったという。

実際、小林氏は任期中、王位の継承者であるワチラロンコン皇太子（現国王）とシーラット妃（当時）を赴任五カ月後に公邸の夕食会に招いた。これを皮切りに、ワチラロンコン皇太子の最初の夫人のソムサワリー元妃、プミポン国王の末娘で、国際的にも著名な生化学者のチュラポーン王女、国王の次女で国民に人気のあるシリントン王女などを食事会に招いた。また〇六年六月、プミポン国王即位六〇年の記念式典で訪タイした先の天皇、皇后両陛下を迎え、宮内庁時代の経験を活かして日本とタイ王室の関係強化に小さくない役割を果たした。

宮内庁に勤めた外交官が、外国の任地で皇室や王室を日本外交の中に位置づけて考えるようになる要因の一つは「心理的バリアーが下がる」ことにあるようだ。小林氏の前の日本大使はほとんどタイ王族を公邸に招いていなかったが、そこには「王族を招くのは畏れ多い」という気持ちがあったようだ。これに対して小林氏は宮内庁での経験から、そうした心理的バリアーが低かった。同氏は「タイ王室に対する人々の敬愛の念を考えると、タイで人脈を築く上で王室は不可欠のものと考えました」と語っている。

日本に関心を持ったモロッコ皇太子

話を本筋に戻そう。山下氏が式部副長を務めた宮内庁出向を終えて駐モロッコ日本大使として赴任したのは一九八三年だった。私がパリ特派員になった八六年、まだ大使だった同氏は国際会議でパリに出張してきて、カフェで会ったことがある。このとき山下氏は興味深いモロッコ観を披露してくれた。

「地中海の南岸に親欧米で政治的に安定したモロッコが存在することは、欧州南翼の安全保障にとって極めて大きいことです。ハッサン二世国王（当時）は国内の過激派を抑えながら巧みに国のかじ取りをしています。日本も間接的に恩恵を被っているわけで、日本はこうした国を応援しなければなりません」

モロッコには一五、六世紀にスペインから移り住んだユダヤ人が約六万人おり、国王の顧問にも就いていた。イスラム教国でありながらユダヤ人に寛容な社会で、アラブとイスラエルの仲介を行うなど柔軟で現実的な外交政策を展開していた。

イスラム過激派のテロが中東各地に広がり、難民が地中海を越えてヨーロッパに流れ込んでいる今日、地中海南岸の安定がいかに欧州の安全にとって枢要か見せつけている。しかしバブル真っ盛りの一九八〇年代半ば、一国平和主義の日本にあって、そうした視点でモロッコを含め北アフリカや中東を見る人は多くなかった。

「まだ詳しく話せませんが、いまモロッコの皇太子に日本に来てもらうため、いろいろ働きかけをしています。日本人にモロッコを知ってもらうことも大事ですが、モロッコの王室に日本を知ってもらうことも大事で、そうなればモロッコ全体が日本に目が向き、関心を持つようになると思います」

こう山下氏は語った。

この「モロッコ王室への働きかけ」は翌八七年三月、モハメド皇太子の公賓としての日本訪問という形で実現する。

これはあとから知るのだが、山下氏はモロッコに赴任すると、モハメド皇太子の日本訪問の可能性を探った。皇室とモロッコ王室を結びつけることが、関係は悪くないものの、疎遠にある両国を近づける起爆剤となると思ったからだ。

しかしかつてフランスの植民地で、欧米志向の強いモロッコ政府や王室は、最初のころは関心を示さなかった。モハメド皇太子はパリで学び、フランス語の博士論文のテーマも「欧州経済共同体（ＥＥＣ）と北アフリカ協力」だった。

山下氏は皇太子と面識を得ると、モロッコにとって日本と東南アジアを知ることがいかに大事かを説いた。外務省一のフランス語使いと言われた同氏である。日本と東南アジアの関係は、フランスをはじめとする欧州と北アフリカ・中東の関係に似ていること、日本の支援がいかに東南アジアの経済的離陸を助けているか、両者の関係を知ることはモロッコにとっても必ず参考になることなど縷々《るる》説明した。

モハメド皇太子は徐々に関心を持ち、訪日する意志を示すようになった。このときハッサン二世国王は、皇太子がしっかり日本のことを勉強した上で訪問すべきだと考え、「適任者をモロッコに派遣してほしい」と山下氏に要請した。同氏は何人かの知り合いの学者に声をかけ、その一人が、フランス語に堪能な東大助教授の舛添《ますぞえ》要一氏（のちに参院議員、都知事）だった。

舛添氏は約一週間、首都ラバトの王立大学で、皇太子を含めて一四、五人の学生に日本の近代史、政治、経済などについて講義した。「みな優秀な学生で、東大生よりよほど活発な議論が交わされました。この皇太子なら立派な国王になるだろうと感じました」と舛添氏は私に語っている。

モハメド皇太子は八七年三月、公賓として来日した。山下氏は大使として同行したが、日本政府はモロッコ王室からの久しぶりの賓客で、王位継承者の皇太子を手厚くもてなした。皇太子の宿舎には迎賓館があてられ、中曽根康弘首相は迎賓館まで出向いて会談を行った。また昭和天皇はモハメド皇太子と会見し、宮中晩餐会を催した。外国の皇太子だと午餐会かお茶会が通例である。

さらに二年後の八九年二月、昭和天皇の大喪の礼で再びモハメド皇太子が来日した。ハッサン二世国王が自分の名代として派遣したのだが、他の王子ではなく、王位継承者の皇太子を派遣したのは、国王にも日本との関係が重要だと認識されていたからだろう。

モロッコ訪問が与えた深い印象

以上の経緯を見れば、山下氏が東宮侍従長に任命されたのは、先の天皇、皇后両陛下の同氏への信頼と相まって、自然の流れと言ってもいいかもしれない。

同氏は東宮侍従長になると、今度は徳仁皇太子のモロッコ訪問を実現すべく動いた。

二度にわたって来日したモハメド皇太子に対する答礼訪問であり、皇太子にとって初めてのイスラム圏訪問だった。

当初、「モロッコはいま皇太子さまが行かねばならない優先順位の高い国なのか」という意見もあった。しかし山下氏の周到な根回しもあって実現した。一九九一年九月一二日から一五日までの三泊四日、国王の招待でモロッコを訪問し、次いで一五日から二三日まで英国をジャパンフェスティバルの名誉総裁として訪れる日程が組まれた。

九月一二日、経由地のパリで一泊した皇太子は、パリからハッサン二世国王差し回しの特別機で首都ラバト入りし、初めてアフリカの地を踏んだ。空港にはモハメド皇太子が出迎え、王宮で国王と会見した。その夜は、モハメド皇太子の歓迎晩餐会に臨んだ。

四日間の滞在中、皇太子は国王の父で、一九五六年にフランスからの独立を果たした建国の父・モハメド五世廟で献花するなど公式行事をこなす一方、最大の都市カサブランカ、古都フェズ、中部のマラケシュと、国内を回った。フェズでは、食料品や雑貨、衣料品の店がひしめく旧市街の路地に踏み入り、住民から拍手や歓声、手拍子の歓迎を受け、また路上の売り子からナツメヤシやアーモンドの実を気軽に受け取り、味わった。

東宮侍従長として同行した山下氏は、モロッコの歴史と国情、地政学的な重要性など、行く先々で皇太子の熱心な質問に答え、また王族やアカデミーの重鎮など大使時代に築いた人脈を引き合わせた。地元の新聞も訪問を一面トップで報道し、関心の高さをのぞかせた。

モロッコ訪問は皇太子に深い印象を与えたようだ。旅行を締めくくるロンドンでの同行記者団との会見で、モロッコ、英国訪問について「強行軍のように見えるが、疲れよりも喜びが大きい」と述べ、「モロッコは非常に楽しかった。イスラムの文化圏にいることをつくづく実感した。街角や家の中からのぞいている人の表情が明るく、人なつっこくて忘れられない」と語っている。

世界をどう見るかの手がかり

それまで徳仁皇太子の外国体験は欧米が中心だった。中東、北アフリカのイスラム圏は初めてで、皇太子にとって新しい世界の発見であったことがその言葉からも窺える。皇太子は結婚後最初の外国訪問にアラブ諸国を選んだ。またサウジアラビアの国王が亡くなると、必ず皇太子が弔問に訪れた。皇太子とアラブの縁はこのモロッコ訪問から始まったと言っていいだろう。

山下氏が仕掛けた皇室とモロッコ王室の交流は、その後、高円宮夫妻のモロッコ訪問（一九九六年）、高円宮のハッサン二世国王の葬儀参列（九九年）、高円宮夫妻の訪問（二〇〇〇年）、ムーレイ・ラシッド王子の来日（〇三年）、ララ・アミナ王女の来日（〇五年）などを経て、〇五年一一月、皇太子から即位したモハメド国王の国賓としての来日に繋がっていく。モロッコ国王として初めての訪問だった。

山下氏が東宮侍従長だった一九八九年六月から九五年九月は、冷戦終結を経て国際社会が新しい秩序へと姿を変えていく過渡期にあたった。八九年一一月の「ベルリンの壁」崩壊と東欧諸国の民主革命、九〇～九一年にかけての湾岸危機と戦争、九一年末のソ連の解体、ユーゴスラビア紛争……。一方で九三年にはカンボジア和平後の総選挙が成功裏に行われ、競争を軸とする市場経済システムが地球全域に行きわたり、グローバリズムが広がっていく時期でもあった。

絶妙な時期に山下氏は東宮侍従長を務めたと思う。六年三カ月の東宮侍従長の間、皇太子は一四カ国を訪問し、同氏はすべてに同行した（ベルギーは二回訪れた）。イスラム圏もモロッコを皮切りに、サウジアラビア、ヨルダン、クウェートなどを訪れた。

冷戦が終結した世界がギシギシ音を立てて動いていくさなか、欧州、中南米、北アフリカ、中東の国々を実際に見て回った皇太子に、山下氏がよき助言者、解説者、導き手となったのは間違いないだろう。世界で起きている出来事の意味、それが今後に及ぼすであろうインパクト、日本への影響、世界が日本を見る視線など、多くの手がかりを皇太子に与えたと思われる。

新天皇三つのキーワード

青年時代の外国とのかかわりで、新天皇が昭和天皇と先の天皇の二人と決定的に違うのは留学経験である。

昭和天皇は皇太子時代の一九二一年に六カ月間、英仏など欧州六カ国を訪問した。先の天皇は皇太子時代の一九五三年、英国のエリザベス女王の戴冠式に出席するのを利用して、約六カ月半にわたって米英仏など一五カ国を訪れている。同じ半年の訪問でも、御召艦「香取」で行った昭和天皇と、一般客に交じって客船や飛行機、列車で移動した先の天皇はまた違うが、国から国を移動する半年前後の駆け足の旅だった点では違いはない。

しかし新天皇は皇太子として二三歳だった一九八三年六月から八五年一〇月までの二

年四カ月間、英国のオックスフォード大学に学び、寮生活を送った。自分で洗濯をし、アイロンがけもし、外国人の学生と日常的に交流し、食堂で食事を共にし、大学最寄りの店でコーヒー豆をひいてもらい、買い物をし、床屋で髪を切ってもらい、友人とパブに行き、クレジットカードで支払いと、庶民の普通の暮らしを体験した。これは父親と祖父にはなかった。

徳仁皇太子の身辺警護には英国の警護官二人が付いたが、皇太子が「その付き方は実にうまいものであった」と語るほど、ロー・プロファイル（目立たず）に徹していたようだ。また警護という役割を超えて、読みにくい史料を解読する手伝いをしてもらったり、手紙を見てもらったりと、英国を知る絶好の先生だった。「二年間、不愉快な思いをすることは皆無であった」と語っている。

留学していた時期、日本は押しも押されもせぬ世界第二位の経済大国で、皇太子は引け目を感じることなく勉学に勤《いそ》しみ、周囲から特別な目で見られることなく普通の暮らしを楽しんだ。また休暇を利用して英国国内を旅行し、欧州一三カ国と帰国途中には米国を訪れている。

皇太子は自身が目指す次世代の天皇像について、「陛下のこれまでのなさりようを踏まえ、それを基礎として、日本の、そして世界の人々の幸せを祈りつつ、自分に何ができるかということを常に真剣に考えていきたい」と語っている（二〇一八年九月五日、訪仏を前にした記者会見で）。令和の時代、天皇に即位した徳仁皇太子がどのような新しい天皇像を形成していくのかを考える上での手がかりとして、以下のキーワードを挙げたい。対等性、経験に裏付けられた国際感覚、脱戦後――の三つだ。

君主から象徴へ

まず「対等性」についてである。

昭和天皇は戦後、「象徴」となってからも自らには権威があると考え、それに基づく行動をとってきた。この「君主」としての意識は先の天皇にも引き継がれてきたことは疑いない。先の天皇は即位したときから「象徴」だった初めての天皇だが、「君主」としての意識も同時に持ち合わせていた。小学校高学年まで大日本帝国憲法下で育ったことや、父の昭和天皇の振る舞いや考えに絶えず接していたことを考えれば当然でもあった。

これに対して新天皇はどこまで自らを「君主」として自己規定するだろうか。「日本国民を統合する『象徴』として自分はあらねばならない」との思いは当然あるだろう。しかし自らを権威ある「君主」として自己規定するには、新天皇がこれまで育ってきた環境は先の天皇とは大きく異なる。「開かれた皇室」の下で育ち、オックスフォード大学では特別扱いされることなく二年四カ月を過ごした。

もちろん天皇に即位し、やっていくなかで、「君主」としての意識が育っていくことは当然あるだろう。ただその場合でも、先の天皇が自己規定した権威ある「君主」とは内容が違うように感じる。新天皇のもつ「国民と対等にある」との感覚、別の言い方をすると「ふつうの人」としての要素がそこには介在するからだ。

孫娘が新天皇の長女の愛子内親王と学習院初等科時代、同級生だったという女性から聞いた話である。この孫娘は初等科から転校して、両親について米国で暮らしているが、一時帰国したとき愛子内親王の遊び相手として神宮のアイススケート場に誘われたことがある。この女性によると、米国で自由奔放に育ったやんちゃな孫娘はスケート場の貸しヘルメットが気に入らず、「いらない」と頑と言って聞かなかった。そのとき同行していた徳仁皇太子が「愛子と同じヘルメットが家にありますから、ボクが取りに行って上げますよ」と言って、東宮御所まで往復してくれたという。

先の天皇、皇后とほぼ同世代で、両陛下と懇意にしていたこの女性は、新天皇についての「神経こまやかで、わがままなウチの孫娘にもいいお父さんのような感じで、ふつうの気遣いができる方だと思いました」と語る。このふつうの人の感覚や「対等性」は、先の天皇にはないものだ。当然のことながら、このことは天皇を国民により近しい存在にし、権威よりも親近性に比重が置かれたものとなると見ることもできよう。

時代の中の国際感覚

二つ目の「経験に裏付けられた国際感覚」は、若いときに外国で、それも異邦人の中で暮らすことで身につけた世界を広角で見る目と、また皮膚感覚で世界をとらえる仕方と言い換えてもいい。

日本では世界を東西の視点で見がちだが、欧州にいると東西の視点ばかりでなく、中東やアフリカ、中南米を含めて南北の視点でも世界を見るようになる。かつて欧州がこの地域を植民地にし勢力圏に組み込んだ歴史的関係もあって、ニュースなどで取り上げられる頻度も多く、欧州で暮らしていると自然とそちらへ目が向く。

徳仁皇太子は留学中、英紙「ザ・タイムズ」を購読していた。朝、食堂で朝食を終えると、郵便受けで新聞をとり、講義に行く前のひとときに、自室で自分の淹れたコーヒーを飲みながら新聞に目を通すのが常だったと『テムズとともに』に書いている。毎日、英紙を読むことで、英国のことはもちろん、世界をグローバルに見る目が養われたことは間違いないだろう。また中東やアフリカからの留学生を含めた若者たちとの交流は、皮膚感覚で多様な世界を感じとる機会となったはずだ。

ただ「経験に裏付けられた国際感覚」と言うとき、新天皇が影響を受けたであろうポスト冷戦の、地球が一体化していく時期の価値観にも触れなければならない。

先の天皇は五〇代半ばまで、東西に仕切られた冷戦体制を所与のものとして生きてきた。これに対して新天皇は英国に留学中の八〇年代半ばにゴルバチョフ・ソ連共産党書記長が登場して東西融和が進み、三〇代を目前にした一九八九年に昭和天皇が亡くなり（一月）、「ベルリンの壁」が崩壊した（一一月）。冷戦が終結し、世界がグローバル化していく時期は皇太子の三〇代と重なる。

いまでこそ米中露の大国は自己主張を強め、多国間主義、人権・民主主義、法の支配といった価値が大国のその時々の都合でないがしろにされる脆弱な世界が広がっているが、八〇年代後半から九〇年代を通じて、対立と確執に代わって、協調と融和が時代の精神になるだろうとの期待が溢れていた。

個々の国の利害を超えた地球市民という概念が広く共有されるようになり、気候変動や環境、生物多様性などの課題が地球的規模でとらえられるようになった。NGO（非政府組織）のネットワークが広がり、軍縮や貧困、海洋汚染問題などに取り組むよう各国政府に圧力をかけていく。対人地雷廃絶の運動を推進したNGOの連合体「地雷禁止国際キャンペーン」と、国際人道援助NGO「国境なき医師団」が、それぞれ一九九七年と九九年にノーベル平和賞を受賞したのは象徴的である。国や国連やNGOなど多様な主体が協働して地球規模の問題解決に取り組むグローバルガバナンスという概念が生まれたのも九〇年代初めだ。

この前向きの空気が逆流に転じ、国々が国境管理を強化し、グローバルガバナンスという概念がくすんでいくのは二〇〇一年の米同時多発テロ以降だが、二〇代半ばから三〇代を通して徳仁皇太子はこの協力と融和の価値観を胸一杯に吸った。その意味は小さくないと思われる。新天皇の「経験に裏付けられた国際感覚」には、以上のような地球市民としての視座や、地球規模の課題への関心が包摂されていると私は見る。

新天皇は「水」をテーマに研究を続けているが、招かれた講演などでは水をめぐる衛生、環境、災害問題などを取り上げ、持続可能な社会づくりのために水問題と向き合うことの重要性を訴えている。ここでは水が地球規模の課題に連結している。

最後に、三つ目の「脱戦後」とはどういうことか。

先の天皇は戦争を止められなかった父・昭和天皇の重荷を引き受けて、「慰霊の旅」を続けてきた。戦争と地続きの戦後を生きていることを、常に行動で国民に思い起こさせてきたのが戦前生まれの先の天皇だった。

しかし一九六〇年生まれの新天皇にはそうしたイメージはない。戦争犠牲者に対する慰霊や終戦記念日の式典を欠くことはなかろうが、戦争を知らない国民が大多数になるなか、やはり戦争を知らない新天皇が戦争犠牲者に頭を下げるということになる。過去の歴史との向き合い方は、当然のことながら先の天皇とは違ったものになるだろう。過去を踏まえつつ、未来を見据えたところに重きを置いた慰霊を志向していくのではないだろうか。

「予行演習」となった皇太子訪仏

先の天皇、皇后の侍従長だった渡邉允氏は、両陛下が皇太子、皇太子妃として最後の外国訪問となった一九八七年の訪米（一〇月三日～一〇日）に外務省幹部として同行した。当時、渡邉氏は北米局審議官で、出発前に上司から「国賓訪問のつもりでやってきてほしい」と言われたことを覚えている。当時、昭和天皇の衰えは誰の目にも明らかで、次に皇太子、皇太子妃が外国訪問をするときは新しい天皇、皇后として国賓で迎えられるだろうから、その予行演習のつもりでやってきてほしい、との意味が込められていた。

二〇一八年九月、徳仁皇太子がフランスを公式訪問した。二〇一九年五月に新天皇即位を控え、皇太子として最後の外国訪問だった。随員の中にはかつての渡邉氏のように「国賓訪問の予行演習」と思った人もいたかもしれないが、実際、フランスは国賓に等しい待遇で皇太子を迎えた。

先の天皇、皇后両陛下が国賓としてフランスを訪問したのは二四年前の一九九四年だった。その後、皇族が何人か訪れているが、フランス政府は以前から日仏両国が国交を樹立して二〇一八年で一六〇年になる機会に皇太子の訪仏を要請していた。フランスでは日本文化を紹介するイベント「ジャポニスム２０１８」が大々的に開かれており、格好の機会でもあった。

日仏両国はここ数年、かつてなく良好な関係にある。日・欧州連合（ＥＵ）の経済連携協定（EPA）が二〇一八年七月に結ばれ、一九年二月一日に発効した。安全保障面では南太平洋に海外領土ニューカレドニアがあるフランスは中国の威圧的な海洋進出に懸念を強め、日本の海上自衛隊と共同訓練に踏み出している。またトランプ米政権の一国主義にあって、日本との提携がこれまで以上に重要になっているとの認識がフランスにはあった。新天皇とよき関係を築く上でも、皇太子最後の訪問国となることの意味は大きい。

日本にとっても英国がEU離脱で揺らぎ、ドイツのメルケル首相が求心力を落としている中、国際政治の舞台で一定の発言力をもつフランスとの協力はより重要になっている。

もちろん皇太子の外国訪問は国際親善であり、政治とは無関係であるとされている。それでも即位前最後の訪問となると、それなりに行き先が選ばれるのは当然である。

リヨンからパリへ

皇太子は九月七日に出発し、一四日までの八日間、フランスに滞在した。皇太子はまず仏東南の第二の都市リヨンに入った。ここが最初の訪問先に選ばれたのは、日仏交流の原点ともいうべき町だったからだ。まず非公式な訪問で日仏交流の過去と現在をたどり、パリから公式訪問になる旅程だった。

幕末期、リヨンを中心とする養蚕《ようさん》地帯が蚕《かいこ》の病気で危機的状況に陥ったとき、これを救ったのが日本の蚕卵《さんらん》と絹糸だった。一八六五年、徳川幕府は蚕卵と絹糸の輸出を認め、これによってフランスの養蚕業と絹織物業は息を吹き返した。フランスは日本産生糸の最大の輸入国となり、一八六五年から二〇年間、フランスは日本産生糸の五〇%を買い取っていた。この輸出によって日本は明治維新の産業発展に不可欠な外貨を得る。明治政府は一八七二年に群馬県富岡に富岡製糸場をフランスの協力で建設。これを模範に各地に製糸工場が造られ、生糸貿易に代わって付加価値の高い繊維産業が輸出産業となった。

リヨンの織物博物館を視察した皇太子は、日本から輸入した生糸で織られた日本風の模様の布などに興味深げに見入り、「お互いが刺激し合って交流を深めていたのですね」と感心したように語った。

進行形の日仏の交流・協力の現場も皇太子に見せるべく、日本大使館はワインと最先端技術というまったく異なる訪問先を、リヨンからさほど遠くないブルゴーニュとグルノーブルに用意していた。

ブルゴーニュ地方サントネ地区では、老舗ワイナリー「ドメーヌ・フルーロ・ラローズ」を訪れた。一八七二年設立のワイナリーは日仏カップルのニコラ・フルーロさんと久美子さんが経営する。皇太子は四代目当主のニコラさんに「訪ねるのを楽しみにしていました」と語り、ブドウ畑やワインの貯蔵庫を見学し、試飲では「すごくおいしいですね」と笑顔を見せた。ワイナリーでのくつろいだ昼食ではブルゴーニュ料理とワインを楽しんだ。久美子夫人は「皇太子さまは最後にサービス担当のスタッフに一人ずつお声がけしてくださり、とても感動的でした」と語った。

リヨンの南東一〇〇キロにあるグルノーブル市はつくば市の姉妹都市で、皇太子は欧州を代表する最先端研究拠点（ＧＩＡＮＴ）を視察した。有機ＥＬを使った眼鏡型端末「スマートグラス」を試着し、日本人の研究者らとも懇談して「研究の発展を祈っています」と激励した。このあとリヨンから空路パリに入った。

明けて一一日、正式な公式訪問が始まった。午前、パリのアンバリッド（廃兵院）で歓迎式典がもたれた。アンバリッドにはナポレオンの遺骸があり、国賓として訪れた首脳をフランスはまずここで歓迎する。皇太子は国賓と同じ待遇で迎えられたのである。

歓迎式典のあと国民議会（下院）議長公邸で女性のキャロル・ビュロー＝ボナール国民議会副議長主催の昼食会が催された。

パリでは先の天皇、皇后両陛下も訪れた障害児施設「レ・ザミ・ド・カレン」と、日本語教育をしている日本の中高校にあたる「リセ・ジャン・ド・ラ・フォンテーヌ」を訪問した。同校では日本語を学ぶ生徒らと懇談し、夏休みに宿題がないと聞くと「（長女の）愛子には言えませんね」と笑った。

ベルサイユ宮殿での晩餐会

公式訪問のハイライトは一二日、ベルサイユ宮殿でもたれたエマニュエル・マクロン大統領、ブリジット夫人主催の晩餐会だった。大統領が外国首脳の歓迎の宴をエリゼ宮（大統領官邸）でなく、わざわざパリから数十キロ離れたベルサイユ宮殿で開くのは、フランスが「特別のもてなし」という意味合いを与えたい時に限られる。マクロン大統領になって同宮殿で晩餐会がもたれたのは、プーチン露大統領の訪仏のときと世界の企業トップらを集めたサミットの二回だけだ。

晩餐会に先立ち、皇太子は同大統領と面会し、四〇分間にわたり懇談。同大統領が

ベルサイユ宮殿の晩餐会であいさつする皇太子（当時）

「環境面でも日仏間の協力を推進したい」と語ったのに対し、皇太子も同意した。面会後、共に宮殿のオペラハウスで能公演「幽玄」を鑑賞した。

約一〇〇人が出席した晩餐会で、マクロン大統領は西日本豪雨と北海道の地震に対するお見舞いを述べた。皇太子は答礼のあいさつで「私と日本国民に対して示していただいた、親愛と連帯の情に、大変心を打たれました」と謝意を述べ、一六〇〇年の交流の中で両国民が絹を紡ぐようにして織りなしてきた友好関係の絆がさらに深まることに期待を表明した。

この夜のメニューである。

オマール海老、カリフラワーのクリームと
ブレス産の家禽、ジロール茸と
ジャガイモのピュレ、ジョエル・ロブション風

赤い実のアイスクリーム

ピュリニー・モンラッシェ　プルミエクリュ　クロ・ド・ラ・ムシェール　2015年

ムートン・ロートシルト　ル・プティ・ムートン　2010年

シャンパン　ローラン・ペリエ　グラン・シエクル

メニューの表紙裏には「この料理はジョエル・ロブション氏のチームと、エリゼ宮のギヨーム・ゴメス料理長の協働で作られた」と記してあった。この晩餐会の一カ月前（八月六日）に亡くなった三ツ星シェフのロブション氏は日本でもよく知られ、料理を通して両国の友好に多大な貢献をした。これを念頭に置いた演出だったのだろう。ワインは白がブルゴーニュ地方の二番手、赤はボルドー地方ポイヤック地区の五大シャトーのセカンドワインだ。

財政難もあって、エリゼ宮ではフランソワ・オランド大統領（二〇一二～一七年）のときに一部例外を除き、最高級ワインを出すのを取り止めた。外国首脳の場合は二番手か、三番手がふつうになっている。ベルサイユ宮殿でのもてなしとワインのレベル、さらに全行程でコロン内相が同行する気遣いを見ると、元首級に等しいもてなしだったことが分かる。ベルサイユ宮殿の晩餐会の翌一三日、皇太子は「ジャポニスム２０１８」の一環でエッフェル塔のライトアップのイベントに出席して点灯ボタンを押し、フランスでの主要日程を終えた。

ミッテラン大統領のもてなし

フランスで皇太子の案内役を務めたのが駐仏大使の木寺《きてら》昌人氏だった。木寺氏は先の天皇、皇后がフランスを訪れた一九九四年、通訳として両陛下に同行しており、偶然ながら再びフランスで息子である皇太子のお世話を務める巡り合わせになった。外交官としては光栄なことで、木寺氏も「このようなご縁をいただいて、本当に恵まれていると思います」と語っている。

先の天皇、皇后両陛下が九四年一〇月、国賓としてフランスを訪問したとき、ホストのミッテラン大統領は末期がんで、七カ月後に二期一四年の任期満了が迫っていた。同大統領は在任中、四回訪日しているが、そのたびに昭和天皇や両陛下から手厚いもてなしを受け、自分の任期中に何としても両陛下を招きたいとの思いがあった。

両陛下のパリ滞在中、同大統領はエリゼ宮で二四〇人を招いた大晩餐会を開き、さらに両陛下が地方訪問に出発する前には三人だけの私的な午餐会をもった。国賓とはいえ仏大統領が外国の賓客を二回も食事に招くのは極めて異例で、訪日時に受けたもてなしに大統領がいかに感謝していたかを示している。

エリゼ宮の緑濃い裏庭に面したこぢんまりとした「ポルトレの間」で催された午餐会には、大統領と両陛下の三人以外にもう一人、入った。これが通訳の木寺氏だった。

会食はなごやかな雰囲気で進んだ。美智子妃は「お加減はいかがですか」と大統領の体を気遣った。当時、エリゼ宮には医療機器が持ち込まれ、ミッテラン大統領は仕事の合間に放射線治療や点滴を受けていた。しかし頬はこけ、体もやせ細り、がんとの闘いが容易ならざる状況にあることを窺わせた。皇后の気遣いに、同大統領は腕まくりをし、「私はがんには負けません」と腕に力こぶを作る仕草をした。

ミッテラン大統領は美智子妃には特別の思いがあったようだ。三日前に開かれた晩餐会での歓迎スピーチの中で、大統領はわざわざ美智子妃に触れてこう述べている。

「私が初めて日本を国賓として訪れたのは一二年前です。それ以来、何度も日本を訪れましたが、訪れる度に皇后陛下は心温まるホスピタリティーを私に示されました。皇后陛下は六日間のフランス国内旅行中、大げさな表現では決してなく、わが国民がいかに皇后陛下のお出ましを誇りに思っているか、お感じになられるでしょう」

美智子妃の歌声

同大統領が言う「心温まるホスピタリティー」が具体的にどういうものであったか知る由もないが、一つ、二人が共有した出来事がある。

ミッテラン大統領が一九八二年に日本を初訪問したとき、すべての公式日程をこなした最後に、南麻布にあるフランス大使公邸で答礼晩餐会を催した。ここに昭和天皇と美智子妃が主賓として出席した。当時、香淳皇后はすでに体調が思わしくなく、美智子妃が昭和天皇のパートナーとして香淳皇后の代理で出席したのだ。

食事が終わったあと、場を応接間に移して歓談していたひととき、思いがけないことが起きた。同大統領に同行していた友人で、日本では「河は呼んでいる」の作曲で知られるギタリストのギイ・ベアールがギターをつま弾き、興に乗ってシャンソン「さくらんぼの実る頃」を一緒に歌いましょうと誘ったのだ。大統領特別顧問のジャック・アタリ氏はその備忘録で、この夜のことをこう書いている。

「東京のフランス大使館で大統領が夕食会を催した。大いなる驚きがあった。天皇（昭和天皇）が来られたのだ」

天皇が一国の大使公邸に来ることはないとフランス側は思っていたのだ。備忘録は続く。

「夕食会のおわりごろ、日本側出席者が呆然と見つめるなか、ギイ・ベアールは天皇に『さくらんぼの実る頃』を歌ってもらうことに成功した」

この内容は正確ではなく、晩餐会に出席していた元宮内庁関係者によると、ギターのメロディーに合わせ、歌ったのは美智子妃だった。他の出席者も声を合わせて一緒に歌ったという（ちなみにアタリ氏の備忘録の記述から、私は昭和天皇が歌ったものとばかり思っていたが、本書の取材の過程でこの晩餐会に出席していた元宮内庁関係者から「美智子妃が歌われ、昭和天皇は聞いておられた」との証言を得た。過去にこれについて私が書いた内容を訂正しておく）。

このシャンソンは宮崎駿監督のアニメ映画「紅の豚」の中で加藤登紀子さんが歌っている。日本では恋の歌と思われているが、パリ・コミューンの悲しい思い出と結びついている。作詞は銅工職人で、共産党員のジャン＝バチスト・クレマン、作曲はパリのオペラ座のテノール歌手アントワーヌ・ルナール。一八六六年に作詞され、詞を譲り受けたルナールが一八六八年に作曲した。

その三年後の七一年三月、普仏戦争の敗北による混乱の中で民衆が蜂起し、パリに革命政府（パリ・コミューン）が樹立される。しかし革命政府内の内輪もめもあって、ベルサイユに退いた政府軍は反攻に転じ、革命政府軍をパリ東部に追い詰めていく。籠城の中で革命政府の兵士たちが口ずさんだのがこの歌だった。五月、「血の一週間」といわれる大虐殺で戦いは終わる。その後、この歌は「血の一週間」を悼み、人々に歌い継がれていく。

美智子妃にとってはギイ・ベアールからの誘いは思ってもみないことだったろうが、元宮内庁関係者の話によると、美智子妃はその場の雰囲気に自然に溶け込んで歌ったという。この歌のいわれを当然ミッテラン大統領は知っていただろうし、雰囲気を盛り上げてくれた美智子妃に感謝したのではないだろうか。

「涙がこぼれそうになった」やりとり

さて、エリゼ宮の午餐会ではどのような会話が交わされたのだろうか。以前、木寺氏に聞いたことがあるが、「それは言えません」と教えてくれなかった。ただ「通訳していて涙がこぼれそうになりました」と言った。三人の間で心に染み入るやりとりがあったのだろう。

午餐会を終えると、ミッテラン大統領はエリゼ宮の車寄せのところまで両陛下を見送った。別れ際、「もうお会いする機会はないと思います」と述べた。この一年二カ月後、私人となっていた大統領はパリの自宅で息を引き取った。

徳仁皇太子のフランス滞在中、木寺氏はずっとそばに付き添い、車にも同乗し、フランスについていろいろ話したという。二四年前の両親のフランス訪問も詳しく説明したことだろう。もちろん故ミッテラン大統領との間で交わされた「涙がこぼれそうになった」という会話の内容についても。

おわりに

新天皇の、皇太子として最後の外国訪問は、二〇一八年九月のフランスだった。天皇即位の約八カ月前。パリ郊外のベルサイユ宮殿で、初顔合わせをした徳仁皇太子とマクロン仏大統領が握手する写真が世界に流れたが、私はひと目見て、日本の国のイメージが若返ったと感じた。

このとき皇太子五八歳、マクロン大統領四〇歳。しかし、やつれの見える大統領と比べて、皇太子の方がずっと若く見えた。

先の天皇は即位したとき五〇代半ばだった。当時(一九八九年)、私はパリ特派員だったが、あのときも外国から見ていて日本の国のイメージが若返り、新しい出発を予感させた(昭和天皇は亡くなったとき八七歳だった)。しかし先の天皇も在位三〇年と歳を重ね、日本の国のイメージもそれに相応したものになっていた。天皇即位八カ月前、徳仁皇太子はベルサイユ宮殿で一足先に新しい国のイメージを体現して見せたのだった。

そもそもフランスが大統領官邸のエリゼ宮ではなく、わざわざパリ郊外のベルサイユ宮殿という舞台を用意して徳仁皇太子を迎えたことが私には興味深い。

同宮殿は特別な機会でしか使われない。他国に先んじて主導権をとることに熱心なフランスだけに、「八カ月先取りして日本の新天皇を迎えた」としたい思惑がベルサイユ宮殿の演出につながったように思う。実際、フランス滞在中、皇太子はほとんど国賓（天皇にしか与えられない待遇）に等しいもてなしで遇された。このことは本書の中でも詳しく書いた。

新天皇はどのような天皇像を形成していくのか――本書を執筆しながら常に頭にあったのはこのことだった。前著『知られざる皇室外交』（角川新書）が先の両陛下が身をもって示した皇室外交のいわば総括編とするなら、本書は新天皇に受け継がれていくもの、新天皇が新しい時代の天皇像を形成していく上での手掛かりとなるものに焦点を当てた。

本書を書くため、宮内庁、外務省の現役・OB、駐日大使館の外交官、関係する国の政府役人など多くの方のお世話になった。差し支えない範囲でお名前を挙げたが、記載しなかった方も多い。この場を借りて感謝の念を伝えたい。また編集者の安河内龍太氏は良き水先案内人を務めてくれた。有り難く思っている。

最後に、煩雑さを避けるため、本書では天皇、皇后を含め皇族の敬語、敬称を省略し、夫妻の場合だけ両陛下とした。

二〇一九年五月

西川　恵

主要参考文献

「朝海浩一郎日記抄（二・完）」、『法學志林』第112巻第2号
朝海浩一郎『司町閑話　一外交官の回想　水は橋の下をとうとうと流れ去って行った』（朝海浩一郎回想録編集部）
池田維『激動のアジア外交とともに　外交官の証言』（中央公論新社）
卜部亮吾『昭和天皇最後の側近　卜部亮吾侍従日記』第1〜5巻（朝日新聞社）
E・G・ヴァイニング『皇太子の窓』（小泉一郎訳、文藝春秋）
小川原正道『小泉信三　天皇の師として、自由主義者として』（中公新書）
小田部雄次『天皇と宮家　消えた十一宮家と孤立する天皇家』（新人物文庫）
加瀬英明編『宮中晩餐会　お言葉と答辞』（日本教文社）
川島裕「侍従長随行特別手記　天皇皇后両陛下「玉砕の島」ペリリュー島へ」、『文藝春秋』2015年6月号
川島裕「天皇皇后両陛下　五年間の祈り」、『文藝春秋』2016年4月号
河西秀哉『近代天皇制から象徴天皇制へ』（吉田書店）
吉川重国『戴冠紀行』（毎日新聞社）
佐道明広「「皇室外交」に見る皇室と政治—日本外交における「象徴」の意味—」、『宮中・皇室と政治』年報　近代日本研究20（山川出版社）

主要参考文献

佐藤考一『皇室外交とアジア』（平凡社新書）
『昭和天皇実録』第3巻
ベン＝アミー・シロニー『母なる天皇　女性的君主制の過去・現在・未来』（大谷堅志郎訳、講談社）
末盛千枝子「根っこと翼・皇后美智子さまに見る喜びの源　最終回　ヴェロニカの花」、『波』2018年9月号
高橋紘『象徴天皇』（岩波新書）
谷野作太郎『外交証言録　アジア外交　回顧と考察』（岩波書店）
千野境子『日本はASEANとどう付き合うか　米中攻防時代の新戦略』（草思社）
セルゲイ・チェルニャフスキー、有泉和子訳「1916年閑院宮載仁親王のロシア訪問　来露100年を記念して」、『東京大学史料編纂所研究紀要』第27号、2017年3月
徳仁親王『テムズとともに　英国の二年間』（学習院教養新書）
西川恵「アラブの王室が「天皇陛下」に注ぐ「尊敬の念」」、『フォーサイト』ウェブ版、2016年10月17日
西川恵「日の目を見る皇室・スペイン交流王室秘史」、『時事通信社 Janet』、2017年4月13日
西川恵『エリゼ宮の食卓　その饗宴と美食外交』（新潮社）
西川恵『ワインと外交』（新潮新書）
西川恵『饗宴外交　ワインと料理で世界はまわる』（世界文化社）
西川恵『知られざる皇室外交』（角川新書）

西川恵『歴代首相のおもてなし　晩餐会のメニューに秘められた外交戦略』（宝島社新書）
沼田貞昭「日英戦後和解　一九九四―一九九八年」、『軍事史学』第48巻第3号、抜刷
沼田貞昭講演録「日英戦後和解（１９９４―１９９８年）」関口グローバル研究会レポート第66号
波多野勝『裕仁皇太子　ヨーロッパ外遊記』（草思社）
波多野勝『明仁皇太子　エリザベス女王戴冠式列席記』（草思社）
浜尾実『殿下とともに』（角川書店）
保阪正康『天皇のイングリッシュ』（廣済堂新書）
美智子『橋をかける　子供時代の読書の思い出』（文春文庫）
村田良平『村田良平回想録』上下巻（ミネルヴァ書房）
村田良平『１９５２―２００２　回顧する日本外交』（都市出版）
吉田裕・瀬畑源・河西秀哉編『平成の天皇制とは何か　制度と個人のはざまで』（岩波書店）
渡邉允「皇室とオランダ王家の五〇年　戦争という不幸を乗り越えて」、『中央公論』２００３年１月号
渡邉允『天皇家の執事　侍従長の十年半』（文藝春秋）

Jacques Attali, *Verbatim I 1981-1986*, Fayard.
Jacques Attali, *Verbatim II 1986-1988*, Fayard.
Bernadette Chirac, *Conversation*, Plon.
Pierre Péan, *L'inconnu de l'Elysée*, Fayard.

主要参考文献

Selwa Roosevelt, *Keeper of the Gate*, Simon & Schuster.
Valérie Trierweiler, *Merci pour Ce Moment*, Les Arènes.
日本の主要日刊紙、共同通信社、米英仏比などの日刊紙の各記事
宮内庁をはじめとする各国の政府・王宮・大統領官邸などのホームページ

西川恵　1947（昭和22）年長崎県生れ。71年に毎日新聞社入社。テヘラン、パリ、ローマの各特派員を経て外信部長。2014年から客員編集委員。97年、著書『エリゼ宮の食卓』でサントリー学芸賞。（公財）日本交通文化協会常任理事。

Ⓢ新潮新書

814

皇室《こうしつ》はなぜ世界《せかい》で尊敬《そんけい》されるのか

著　者　西川《にしかわ》 恵《めぐみ》

2019年5月20日　発行
2022年3月30日　4刷

発行者　佐藤隆信

発行所　株式会社新潮社

〒162-8711　東京都新宿区矢来町71番地
編集部(03)3266-5430　読者係(03)3266-5111
https://www.shinchosha.co.jp

印刷所　株式会社光邦

製本所　加藤製本株式会社

© Megumi Nishikawa 2019, Printed in Japan

乱丁・落丁本は、ご面倒ですが
小社読者係宛お送りください。
送料小社負担にてお取替えいたします。

ISBN978-4-10-610814-3　C0221

価格はカバーに表示してあります。

Ⓢ新潮新書

784
受験と進学の新常識
いま変わりつつある12の現実
おおたとしまさ

あなたの常識はもう古い。東大生の3人に1人がしていたこととは？　ひとり勝ちの塾が存在する？　受験強者には「3条件」が必要？　子供の受験・進学を考えるなら真っ先に読む本。

785
米韓同盟消滅
鈴置高史

北朝鮮に宥和的な韓国の本音は「南北共同の核保有」に他ならない。米韓同盟は消滅し、韓国はやがて「中国の属国」になる――。朝鮮半島「先読みのプロ」が描く冷徹な現実。

787
払ってはいけない
資産を減らす50の悪習慣
荻原博子

「持病があっても入れる保険」「日本一売れている投資信託」「まとめ買い」――やってはいけない50の無駄遣いを一刀両断！　バカを見ないための資産防衛術、決定版。

788
決定版　日中戦争
波多野澄雄　戸部良一
松元　崇　庄司潤一郎
川島　真

誰も長期化を予想せず「なんとなく」始まった戦争が、なぜ「ずるずると」日本を泥沼に引き込んでしまったのか――。現代最高の歴史家たちが最新の知見に基づいて記した決定版。

941
背進の思想
五木寛之

ひたむきに「前進」するだけが、生きるということではない。人間は記憶と過去の集積体なのだ。時には、後ろを向きながら前へ進む――混迷の時代を生き抜く〈反時代的〉思考法。

Ⓢ新潮新書

895
認知症の新しい常識
緑慎也

2025年には国内患者数700万人に。決定的な治療薬がないこの病気に、私たちはどう向き合えばいいのか。創薬、治療法、予防法、心構え……。あらゆる角度からの最新情報！

855
日中戦後外交秘史
1954年の奇跡
加藤徹
林振江

第二次大戦後、まだ日中が「戦争状態」だった時代。数万人の残留邦人を救ったのは、一人の中国人女性だった――。戦後史の中に埋もれていた秘話を丹念に掘り起こす。

169
貝と羊の中国人
加藤徹

財、貨。義、善。貝と羊がつく漢字には、二つの祖先から受け継いだ中国人の原型が隠れている。漢字、語法、流民、人口、英雄、領土、国名の七つの視点から読み解く画期的中国論。

793
国家と教養
藤原正彦

教養の歴史を概観し、その効用と限界を明らかにしつつ、数学者らしい独自の視点で「現代に相応しい教養」のあり方を提言する。大ベストセラー『国家の品格』著者による独創的文化論。

940
厚労省
劣化する巨大官庁
鈴木穣

長引くコロナ禍の中、最も世間の耳目を集める省庁・厚労省。毎年莫大な予算を執行し、3万人もの人員を抱える巨大官庁の組織と役割から政策、不祥事までを、専門記者が徹底解説！

Ⓢ新潮新書

795
心房細動のすべて
脳梗塞、認知症、心不全を招かないための12章
古川哲史

国内患者数は、約一七〇万人。どんな人がなりやすいのか、心臓によい食事とは？　等々、知っておくべき基礎知識、最新治療法、予防のための生活習慣までを専門家が丁寧に解説する。

922
ビートルズ
北中正和

グループ解散から半世紀たっても、時代、世代を越えて支持され続けるビートルズ。音楽評論の第一人者が、彼ら自身と楽曲群の地理的、歴史的ルーツを探りながら、その秘密に迫る。

902
古代史の正体
縄文から平安まで
関　裕二

「神武と応神は同一人物」「聖徳太子は蘇我入鹿」など、考古学の知見を生かした透徹した目で古代史の真実に迫ってきた筆者のエッセンスを一冊に凝縮した、初めての古代通史。

888
2021年以後の世界秩序
国際情勢を読む20のアングル
渡部恒雄

米大統領選に言及するまでもなく、混迷する国際情勢の行方は、これまでの間尺ではもはや見通すことができない。新たな時代の世界秩序を読み解く20の視点を、第一人者が提示する。

799
もっと言ってはいけない
橘　玲

「日本人の3分の1は日本語が読めない」「人種と知能の相関」「幸福を感じられない訳」……人気作家が明かす、残酷な人間社会のタブー。あのベストセラーがパワーアップして帰還！

Ⓢ新潮新書

800
「承認欲求」の呪縛
太田肇

SNSでは「いいね!」を渇望し、仕事では「がんばらねば」と力み、心身を蝕《むしば》む人がいる。悪因と化す承認欲求を第一人者が徹底解剖し、人間関係や成果を向上させる画期的方法を示す。

917
日本大空襲「実行犯」の告白
なぜ46万人は殺されたのか
鈴木冬悠人

第二次大戦末期。敗色濃厚の日本に対して、なぜ徹底的な爆撃がなされたのか。半世紀ぶりに発掘された米将校２４６人、３００時間の肉声テープが語る「日本大空襲」の驚くべき真相。

802
ドラマへの遺言
倉本聰
碓井広義

『やすらぎの郷』、『北の国から』、『前略おふくろ様』……ドラマ界に数々の金字塔を打ち立てた巨匠が最新作『やすらぎの刻〜道』まで、すべてを語り尽くす。破天荒な15の「遺言」!

803
日本共産党の正体
福冨健一

「トップの任期は制限なし」「いまも目指す天皇制廃止」……〝増殖〟し続ける巨大組織の本質を見誤ってはならない。思想、歴史、歴代トップ、資金源、危険性と問題点まで徹底解剖。

804
「場当たり的」が会社を潰す
北澤孝太郎

根拠なき数値目標、コロコロ変わる方針、部下への丸投げ……数多くの企業の研修に携わってきた著者が、「場当たり的」を発生させるメカニズムを鮮やかに解明し、有効な解決策を示す。

Ⓢ新潮新書

806
岩盤規制
誰が成長を阻むのか
原英史

898
中国が宇宙を支配する日
宇宙安保の現代史
青木節子

872
国家の怠慢
高橋洋一
原英史

763
神武天皇vs.卑弥呼
ヤマト建国を推理する
関裕二

752
イスラム教の論理
飯山陽

今日まで我が国を縛ってきた岩盤規制。官僚とマスコミは、それをどう支えたのか？　今後の日本経済の浮沈との関わりは？　霞が関改革を熟知する男が、暗闘の全てを明かす。

宇宙開発で米国を激しく追い上げる中国は、その実力を外交にも利用。多くの国が軍門に下る結果となっている。覇者・米国はどう迎え撃つのか？「宇宙安保」の最前線に迫る。

新型コロナウイルスは、日本の社会システムの不備を残酷なまでに炙り出した。これまで多くの行政改革を成し遂げてきた二人のエキスパートが、問題の核心を徹底的に論じ合う。

「神武天皇は実在していないでしょ?」。そこで立ち止まってしまっては、謎は永久に解けない。『日本書紀』と考古学の成果を照らし合わせて到達した、驚きの日本古代史！

コーランの教えに従えば、日本人は殺すべき敵であり、「イスラム国」は正しいイスラム教徒である——。気鋭のイスラム思想研究者が、西側の論理とはかけ離れたその本質を描き出す。